T0164620

Jeder kann wirken

Sabina Wachtel · Stefanie Etzel
Hrsg.

Jeder kann wirken

Von Executives lernen:
auftreten, antworten, reden

Herausgeber
Sabina Wachtel
ExpertExecutive|ManagerOutfit
Frankfurt, Deutschland

Stefanie Etzel
ExpertExecutive
The Leading Coaches of the World
Frankfurt, Deutschland

ISBN 978-3-658-20122-7   ISBN 978-3-658-20123-4   (eBook)
https://doi.org/10.1007/978-3-658-20123-4

Die Deutsche Nationalbibliothek verzeichnet diese Publikation in der Deutschen Nationalbibliografie; detaillierte bibliografische Daten sind im Internet über http://dnb.d-nb.de abrufbar.

Illustrationen: Kerstin Köhler
Lektorat: Irene Buttkus
Titelbild: Adobe Stock/naturenow

Springer ist ein Imprint der eingetragenen Gesellschaft Springer Fachmedien Wiesbaden GmbH und ist ein Teil von Springer Nature
Die Anschrift der Gesellschaft ist: Abraham-Lincoln-Str. 46, 65189 Wiesbaden, Germany

Vorwort

Worum geht es hier eigentlich?

Jeder kann wirken. Dieses Buch zeigt klar und deutlich: Wirken kann man lernen. Am besten von den Executives. Denn dort, wo Köpfe Kurse machen, wo die Führungswirkung über Wohl und Wehe der ganzen Organisation entscheidet, da haben wir das Handwerk verortet, das sich jeder zunutze machen kann. Auftreten, Reden, Antworten: Wir hatten gar nicht die ganz große Bühne im Sinn, TV-Präsenz oder die C-Suite (in die uns unser geschätzter Autor Emilio Galli Zugaro einen sehr exklusiven Einblick gewährt). Der facettenreiche Reigen schließt mit dem Best-Practice-Beispiel des Punktesammlers Payback: Wirkung bzw. „Executive" Wirkung dargestellt aus einer Vielzahl von Perspektiven derer, die in ihrem Business für die Wirkung der Executives zuständig sind – oder deren Business die Wirkung selbst ist.

Ist Wirkung Magie? Oder ist doch eher Magie Wirkung? Wir haben es uns erklären lassen von jemandem, der es wissen muss: dem Magier und Hypnotiseur Thimon von Berlepsch. In seinem Beitrag lernen wir einen Aspekt von Wirkung kennen, der sich gleichsam durch alle folgenden Kapitel zieht – Wirken ist vor allem Arbeit. Schlechte Nachrichten? Eigentlich gar nicht. Denn wer sich davon nicht entmutigen lässt, kann eben, mit dem richtigen Handwerk, lernen zu wirken.

Hinter der Wirkung steht eine Wirkungsabsicht; wenn es gut läuft, führt sie zu einem Wirkungsziel. Der Definition nach handelt es sich beim Wirken um etwas höchst Subjektives: die von einer Ursache oder einem Verursacher ausgehende Beeinflussung, sowie die hervorgebrachten Folgen und das erzieltes Ergebnis. Wirkung kann spürbar sein oder umstritten, gewaltig, nachhaltig, verblüffend, verheerend oder neuerdings in inflationärer Frequenz auch fatal. Wirkung entfaltet sich wie sie verpufft, sie beruht auf einem Eindruck oder bleibt aus. Und sie interessiert uns immer dann, wenn es drauf ankommt: Wenn es wichtig ist, dass wir „gut rüberkommen". Und wir dürfen wohl dem Executive Coach Dr. Stefan Wachtel glauben, der uns auf die Lernbereitschaft der „Guten" unter „denen da oben" aufmerksam macht.

„Schönheit liegt im Auge des Betrachters" ist eine Lebensweisheit, die – wäre sie nicht so abgegriffen – der Star-Fotograf Carsten Sander unterschreiben würde. Bei seinem Blick auf Wirkung geht es auch um Eitelkeiten (und wie man sie überwindet). So, wie es bei der Bildwirkung nicht nur um das Äußere geht, sind auch Dresscode & Style nur dem ersten Anschein nach eine Frage der

Äußerlichkeiten: Wirkung entsteht nur dann nachhaltig, wenn der Auftritt insgesamt stimmig ist. Auf dem Weg zum überzeugenden (und im besten Fall brillanten) Auftritt erhalten Sie Tipps von den Experten: Die Botschaft rhetorisch auf den Punkt bringen, die Stimme richtig einsetzen, Hilfe holen, wo der Auftritt den eigenen Horizont übersteigt. Andere Beiträge öffnen den Blick auf das Führen durch Wirkung. Sie gewähren Einblicke in neue Führungskulturen und veränderte Wirkungsfelder. Einige Beiträge werden Ihnen Antworten geben – andere vielleicht einfach Fragen stellen, mit denen Sie in Ihrer Wirkung weiterkommen.

Wo wir reden, wem wir antworten: Am Ende des Tages wollen wir ‚gut rüberkommen'. Wie wirkt das, was wir sagen, auf den anderen? Welchen Eindruck hinterlassen wir mit unserem gesamten Erscheinungsbild? Entspricht das Bild, das wir uns von uns selber machen dem, was wir nach außen spiegeln? Das alles haben wir in der Hand. Unsere Wirkungskraft ist nichts, das uns einmal gegeben wird – und dann müssen wir sehen, wie wir bestmöglich einsetzen, was uns zur Verfügung steht. Menschen, die stark auftreten, setzen (bewusst oder unbewusst) Techniken ein, um eine bestimmte Wirkung zu erzielen. Und diese können wir uns zu eigen machen.

Meine Wirkung ist immer auch die Überzeugung des anderen: Die Interaktion verläuft in beide Richtungen. Wir wirken auf andere ein. Mehr noch, verrät das Grimm'sche Wörterbuch: Wirken hat den gleichen Wortstamm wie das Werk – wir schaffen buchstäblich etwas, wenn wir die Haltung, Meinung, das Handeln der anderen durch unser Wirken beeinflussen.

Wirkungsmittel richtig einzusetzen ist eine Chance – aber eben auch eine Aufgabe. Wir können uns von denen, die sich das Wirken und die Wirkung (der eigenen oder anderer) zum Beruf oder zur Berufung gemacht haben, etwas abschauen. Aber um davon zu profitieren, braucht es eben auch ein bisschen von der professionellen Disziplin, ohne die selbst die cleverste Technik nicht wirkt.

Für die Executives geht es darum, das eigene Image oder die Reputation des Hauses zu verbessern, die Performance zu stärken – mitunter den Kurs an der Börse in die Höhe zu treiben. Mit all dem haben Sie wahrscheinlich nichts zu tun. Dennoch wird Ihnen daran gelegen, sein von anderen in einem guten Licht gesehen zu werden. Mitunter hängt viel davon ab, ob Ihre Argumente greifen, ob Sie Ihr Publikum mitzureißen verstehen. Eigentlich gar nicht so anders als die Executives, von denen Sie in diesem Buch lernen.

Dabei können Sie natürlich nicht in jeder Situation jede Ihrer zahlreichen Facetten zeigen. Unser Miteinander funktioniert überhaupt nur, weil wir eben nicht ständig die volle Breitseite zeigen, sondern miteinander *kommunizieren* – auf den unterschiedlichsten Wegen. Wir gleichen ununterbrochen Selbst- und Fremdwahrnehmung miteinander ab. In allen Situationen des Redens und des Antwortens geht es um *Wirkung*. Und wir fragen am Ende: Haben wir die beabsichtigte Wirkung erreicht?

Das alles läuft ganz automatisch ab, wir ziehen die Register, die in der jeweiligen Situation angemessen sind. Das sind die täglichen „Auftritte" unseres Lebens, wir absolvieren sie ständig. Manchmal kommt's drauf an. Dann müssen wir den Auftritt reißen, jedes Wort soll sitzen, wir wollen nicht nur Eindruck hinterlassen, sondern auch beeindrucken. Und dann stellt sich die Frage: Wie wirke ich?

Das sind die Schnittstellen – ob es das erste Date ist oder ein Job-Interview, eine Dinner Speech zur Hochzeit des besten Freundes oder eine Präsentation vor dem Vorstand: Wenn es drauf ankommt, will man Wirkung entfalten. Und das kann man von denen lernen, für die Wirkung existenziell ist, weil die Reputation ganzer Unternehmen davon abhängt.

Wir haben für diesen Band Autoren befragt, die – aus den unterschiedlichsten Perspektiven – mit den Auftritten exponierter Personen aus Wirtschaft, Politik und Gesellschaft zu tun haben. Wie bereiten sie Auftritte vor? Was steht perfekter Wirkung im Weg? Wie kann man Hürden umgehen? Wir haben möglichst viele Aspekte des Auftretens, des Redens, des Antwortens beleuchtet. Vor allem aber ist ein praxistaugliches Buch entstanden: Es zeigt, wie die Wirkung exponierter Personen entsteht.

Und letztlich läuft alles auf gekonnte, geübte und gut vorbereitete Inszenierung hinaus: Machen Sie sich selbst zur Marke.

Wir wünschen Ihnen eine anregende Lektüre und beste Wirksamkeit.

im Sommer 2018   Sabina Wachtel
Frankfurt   Dr. Stefanie Etzel

Inhaltsverzeichnis

Herausgeber- und Autorenverzeichnis

Über die Herausgeber

Sabina Wachtel ist Inhaberin des Trainingsunternehmens ExpertExecutive in Frankfurt und Gründerin von Manager-Outfit, dem Label für die visuelle Wirkung von Spitzen-managern und exponierten Personen. Sie ist Autorin, Kolumnistin des *Handelsblatt* und TV-Expertin für Dress-code und Style.

Dr. Stefanie Etzel ist Sprachwissenschaftlerin und Senior Project Manager bei ExpertExecutive mit über 10 Jahren Erfahrung in der Analyse der Auftritte des Spitzen-managements unter rhetorischen Gesichtspunkten. Sie entwickelt Trainings und Workshops für Unternehmens-kommunikation und Personalentwicklung.

Autorenverzeichnis

Dr. Vazrik Bazil ist Vortragsredner, Autor, Kommunikations-berater und Dozent. Studium an der Päpstlichen Universität Gregoriana in Rom, der Ludwig-Maximilians-Universität in München und der Hochschule für Philosophie München. Weiterbildung an der Bayerischen Akademie für Werbung und Marketing (BAW) in München. Redakteur bei Radio Free Europe/Radio Liberty, Referent im Deutschen Bundes-tag. Er schrieb Reden für Unternehmer, Verbandsleiter und Politiker. Er ist Gründungsmitglied des Verbandes der Reden-schreiber deutscher Sprache.

Thimon von Berlepsch ist Magier, Hypnotiseur und Autor des Buchs „Der Magier in uns". Seit seinem 13. Lebensjahr widmet er sich dem Studium der Zauber-kunst und allem, was den Menschen zum Staunen bringt. Sein Show-Programm spielt er international und gibt Hypnose-Seminare zum Thema Wahrnehmung. Von Thimon von Berlepsch kann jeder lernen, Meister der magischen Wirkung zu werden.

Emilio Galli Zugaro ist Präsident der Management-Beratung Methodos S.p.A. in Mailand; er ist Autor, lehrt an der Ludwig-Maximilians-Universität in München kommunikative Führung und gibt Kurse an der Europäi-schen Schule für Management und Technologie in Ber-lin. Er arbeitet als Executive Coach für Top-Manager und Unternehmer und als Mentor für Start-ups. Er ist Senior Advisor von FTI Consulting. 2016 hat er die Orvieto

Academy for Communicative Leadership gegründet, deren Geschäftsführer er ist.

Laura Farrenkopf ist Wirtschaftspsychologin. Bereits während des Studiums war sie im Bereich der Personaldiagnostik und -entwicklung beratend tätig. Seit 2017 vertieft sie durch ihre Arbeit für die Be in touch GmbH ihre Fachkenntnisse in den Bereichen Arbeitsmarktanforderungen, Handlungsmotivation, interpersonelle und -kulturelle Organisationskommunikation.

Milena Hardt ist Master of Speech Communication and Rhetoric, Sprechwissenschaftlerin und Sprecherzieherin, Präsentations- und Kommunikationstrainerin, Profisprecherin und Schauspielerin. Sie gibt Stimm- und Redetrainings sowie Rhetorik-Seminare für Führungskräfte, Politiker, Dozenten und Schauspieler.

Petra Irrle ist Büroleiterin bei ExpertExecutive und für das Booking, Controlling und die Klientenkontakte zuständig. Außerdem koordiniert sie das Label ManagerOutfit.

Kerstin Köhler ist Executive Coach und Diplom-Sprechwissenschaftlerin; Pädagogikstudium, Germanistische Linguistik. Seit 1995 ist Kerstin Köhler Senior Executive Coach bei ExpertExecutive. Kerstin Köhler ist spezialisiert auf Executive Coaching und High-Profile-Training auf dem Executive Level und in der Corporate Communication für B2B Kommunikation und Wirtschaftsrhetorik.

Dr. Frank Lorenz ist freier Kommunikationstrainer und -coach; Senior Executive Coach bei ExpertExecutive; Magister und Promotion in Linguistik und Sprechwissenschaft/Phonetik; Studium in Deutschland, Frankreich und Großbritannien; Executive Coachings und Kommunikationstrainings, bspw. für Berater einer internationalen Unternehmensberatung und Vorstände aus Industrie, Telekommunikation und Finance.

Beatrix Meibeck ist Learning & Development Manager bei Klöckner Metals Europe sowie Leiterin Personal- und Führungskräfteentwicklung und Prokuristin bei Klöckner & Co Deutschland; ihre Karriere begann sie im HR Management von McKinsey. Beatrix Meibeck ist Spezialistin für HR Strategie und Talent Management in disruptiven Transformationsprozessen.

Nina Purtscher ist Director Corporate Communications beim Bonusprogramm PAYBACK. Die Absolventin der Universität Wien (Vergleichende Literaturwissenschaft und Romanistik) ist ursprünglich Journalistin und hat bei der Austria Presse Agentur in Wien gearbeitet, bevor sie in die PR wechselte und als Leiterin der Wirtschaftsmedien-Abteilung Pressesprecherin von Hartmut Mehdorn bei den Heidelberger Druckmaschinen war. Sie kam im Jahr 2000 zu PAYBACK, als das Unternehmen mit rund 50 Mitarbeitern noch Start-up-Charakter trug.

Carsten Sander ist Fotograf. Technische Virtuosität gepaart mit massiver inhaltlicher Kraft und Ästhetik gelten seit Jahren als Sanders Markenzeichen. Er ist Meister der fotografischen Inszenierung und beweist mit seinen Arbeiten wie außergewöhnlich Portrait-Fotografie heute sein kann. Mit Empathie und intuitivem Fingerspitzengefühl kreiert Sander eigene Welten mit dem Ziel, einen perfekten Moment herauszuschälen.

Henrik Schmitz ist Vice President Kommunikationsstrategie und CEO-Positionierung bei der Deutschen Telekom AG. Zuvor war er Assistent des Vorstandsvorsitzenden Timotheus Höttges. Er hat langjährige Erfahrung in der Begleitung von Transformationsprojekten sowie als Redenschreiber.

Prof. Dr. Jürgen Schulz, Univers.-Prof., lehrt und forscht an der Universität der Künste Berlin über strategische Kommunikationsplanung. Aktuelle Forschungen über Meinungsvielfalt, Menschenbilder und Restriktionen der Auftragskommunikation.

Andreas Seitz ist seit 17 Jahren international als Coach, Berater und Trainer tätig und arbeitet für global agierende Organisationen und Manager. Seine Schwerpunkte sind die Organisations- und Kulturentwicklung, Leadership Development sowie die Begleitung von Changeprozessen. Davor war er in einer frühen Phase der Digitalisierung als VP Communication in der Geschäftsleitung eines Bertelsmann/Walt Disney Medienunternehmens.

Prof. Dr. Jean-Paul Thommen hat einen Lehrstuhl für Organisation und Personal an der EBS Universität für Wirtschaft und Recht in Wiesbaden, ist Titularprofessor an der Universität Zürich sowie ständiger Gastprofessor an der University of Zagreb in Kroatien. Seine Lehr- und Forschungsgebiete sind Organisationsentwicklung, Change Management, Unternehmensethik und Coaching. Er ist Autor verschiedener Standardwerke der Betriebswirtschaftslehre und als Berater für Profit- und Non-Profit-Organisationen tätig.

Dr. Stefan Wachtel, Sprechwissenschaftler, ist Executive Coach für Auftritte von Spitzenmanagern und Politikern bei ExpertExecutive und Vortragsredner. Ständiger „Meinungsmacher" des manager magazin. Seine Methoden, beispielsweise die Zielsatz-Methode, hat er selbst entwickelt. Stefan Wachtel coachte bisher Konzernvorstände aus 11 DAX-30-Unternehmen. Sein neuntes Buch Executive Modus ist gerade bei Hanser erschienen.

Prof. Dr. Christian Zabel ist Professor für Unternehmensführung und Innovationsmanagement an der TH Köln. Er forscht zur digitalen Transformation von Unternehmen und zur Entwicklung neuer Produkte und Prozesse. Zuvor war er u. a. Assistent des Vorstandsvorsitzenden der Deutschen Telekom AG und leitete das Produktmanagement der t-online.de, Deutschlands größtem Online-Publisher.

Wirkung ist wie Zauberei

Thimon von Berlepsch

Inhaltsverzeichnis

Zusammenfassung Die Kunst zu wirken und einen bleibenden Eindruck zu hinterlassen kann man lernen. Mithilfe unserer Vorstellungskraft sind wir in der Lage, ein sicheres

T. von Berlepsch (✉)
Berlin, Deutschland
E-Mail: mail@thimonvonberlepsch.de

© Springer Fachmedien Wiesbaden GmbH, ein Teil von
Springer Nature 2019
S. Wachtel und S. Etzel (Hrsg.), *Jeder kann wirken,*
https://doi.org/10.1007/978-3-658-20123-4_1

1

Auftreten enorm zu unterstützen. Eine gute Vorbereitung und Inszenierung hilft dabei, unsere Wirkung bewusst zu gestalten und so wahrgenommen zu werden, wie wir es wünschen.

> Alice lachte. „Etwas Unmögliches kann man nicht glauben."
>
> „Mein Kind, du scheinst darin keine Übung zu haben", sagte die Königin. „Man muss es trainieren, unglaubliche Dinge zu glauben; als ich in deinem Alter war, habe ich fleißig trainiert und manchmal schaffte ich es, noch vor dem Frühstück sechs unglaubliche Dinge zu glauben!" (Lewis Carroll, Alice hinter den Spiegeln).

Der Magier hat die Fähigkeit, mit Zauberkunst und Hypnose neue Welten entstehen zu lassen. Es liegt jedoch an seiner Wirkungskraft auf der Bühne, ob sich das Publikum von ihm führen lässt und den Alltag vergisst – oder nicht. Sein Zauberspiel ist zu vergleichen mit Lewis Carrols Wunderland, in dem das weiße Kaninchen Alice' Vertrauen gewinnt, ihre Vorstellungskraft weckt und sie dazu bringt, ihm in den tiefen Kaninchenbau zu folgen. Nur, wenn der Magier als Figur stimmig ist, kann sein Publikum in einen anderen Bewusstseinszustand eintauchen und das Unmögliche erleben.

Das ist wie ein Kinobesuch: wenn der Film gut inszeniert ist, vergessen wir nach kurzer Zeit, dass wir auf eine Leinwand starren und die Schauspieler nur so tun als ob. Wir sind dann plötzlich mitten drin und fiebern, trauern, lachen mit den Protagonisten. In diesem Moment ist das Spiel für uns real (Abb. 1).

Abb. 1 Der Magier in uns

Vorbereitung

Bevor ich auf die Bühne gehe, definiere ich, wie ich wirken möchte, bzw. wie mich mein Publikum wahrnehmen soll. Eine mögliche Methode dafür ist die Auflistung von drei Attributen, die meine Figur beschreiben. Möchte ich souverän, weltgewandt und belesen oder lieber geheimnisvoll, sexy und abenteuerlustig sein? Oder vielleicht tollpatschig, komisch und liebenswert? Alles ist dabei erlaubt, wenn es in die intendierte Wirkung meiner Geschichte passt.

Im nächsten Schritt überlege ich mir, wie dieser Mensch wohl handelt, auf den die Eigenschaften zutreffen. Wie bewegt er sich, wie ist sein Körperausdruck, wie nutzt er seine Stimme und welche Worte wählt er? Welche Witze macht er und wie geht er mit seinen Mitmenschen um? Nachdem mir das klar ist, stelle ich mir vor, dass ich dieser Mensch wirklich bin. Ich gehe also in mich und begebe mich vor meinem inneren Auge auf die Bühne. Ich spiele dort meine Show, halte meinen Vortrag oder gebe ein Seminar als der Mensch, der ich für diese Situation sein möchte.

Damit beginnt meine Transformation.

Ganz unabhängig davon, wie ich mich eigentlich gerade fühle: die Imagination dieser Persönlichkeit hilft mir, später genau dieser Mensch zu sein. Zumindest in diesem Moment auf der Bühne.

Damit mache ich mir ein bestimmtes Phänomen zu Nutze: Unser Gehirn ist nicht in der Lage, ein nur vorgestelltes Ereignis von einem wirklich erlebten zu unterscheiden, es kennt also nicht den Unterschied zwischen Imagination und Realität. Wenn wir uns beispielsweise an etwas Trauriges in unserem Leben erinnern, durchleben wir dieses Ereignis emotional noch einmal: In dem Moment, in dem wir an etwas denken, aktiviert unser Gehirn die entsprechenden neuronalen Netzwerke. Es kommt zu chemischen Wechselwirkungen; Hormone werden freigesetzt, der ganze Körper reagiert. Je nach Beschaffenheit des jeweiligen Gedankens fühlen wir uns – ganz real! – froh, hoffungsvoll, glücklich oder eben traurig, deprimiert, frustriert oder verärgert.

Um noch einmal auf das Beispiel Kino zurückzukommen: obwohl der Film nicht real ist, weinen oder lachen wir, haben Herzklopfen. Unsere körperlichen Reaktionen sind demnach die gleichen, als würde das

Gesehene wirklich passieren. Wenn ich mir also den Magier mit einer gewissen Ausstrahlung intensiv vorstelle, verändern sich damit mein Körpergefühl, mein Habitus und folglich auch meine Wirkung auf das Publikum.

Fake it till you make it

Zu dieser mentalen Vorbereitung hilft mir das „Power Posing" der amerikanischen Sozialpsychologin Amy Cuddy (2012). *Power Poses* (sozusagen „Hochleistungs-Posen") sind Körperhaltungen, die offen, stark oder entspannt sind, bspw.:

* Wonder Woman: breitbeinig mit Händen in die Hüfte gestemmt
* Sieger: Arme nach oben gerissen
* Auf dem Chef-Sessel: Füße auf den Tisch, Arme hinter dem Kopf verschränkt.

Amy Cuddy hat gezeigt, dass das Verharren in ‚Power Poses' bereits nach wenigen Minuten Stress anhaltend senkt und Energie freigesetzt wird: Das Selbstvertrauen wird gestärkt; gleichzeitig verbessert sich die Fähigkeit, mit Druck umzugehen. Die veränderte Wahrnehmung hält über Stunden an und bestimmt das Körpergefühl während der nächsten Präsentation, dem nächsten Interview oder Meeting. Diese mentalen und physischen Vorbereitungen helfen ungemein, den Magier auf der Bühne besser zu spüren und mich danach zu verhalten, was das Publikum spürt.

Ausstrahlung

Meine Hypnoseschüler lernen von mir in meinen Seminaren gleich zu Beginn folgendes Mantra zur Selbstdefinition: „Ich bin DER Hypnotiseur. Ich beherrsche mein Metier wie kein anderer und kann jeden zu jeder Zeit in Trance versetzen." Sie sollen ihre innere Haltung dahingehend steuern, dass sie in ihrem Handeln ganz sicher sind (bzw. sicher wirken). Denn für eine erfolgreiche Hypnose ist die Erwartung der Person, die hypnotisiert wird, maßgeblich. Je mehr der Hypnotee davon überzeugt ist, einen Spezialisten vor sich zu haben, der ihn sicher in Trance führt, desto einfacher ist die Arbeit mit ihm; d. h. desto schneller geht er in einen veränderten Bewusstseinszustand. Als Hypnotiseur ist es daher unerlässlich, eine unumstößliche Souveränität zu vermitteln. Selbstzweifel dürfen nicht nach außen getragen werden, denn sie schwächen die Erwartungshaltung des Hypnotees.

Es passiert etwas Faszinierendes: Obwohl meine Schüler sich nach einem Wochenendseminar noch unsicher fühlen und ihre Texte und Techniken noch nicht routiniert beherrschen, können sie andere hypnotisieren. Obwohl der Prozess noch nicht ganz reibungslos verläuft und ihnen manchmal der Text fehlt, fallen ihre Hypnotees in Trance. Wenn ihre Haltung die eines erfahrenen Hypnotiseurs ist und sie überzeugt auftreten, machen die Hypnotees den Rest. Sie werden hypnotisiert, weil sie es erwarten.

Hier wird sehr deutlich: die wahrgenommene Kompetenz ist subjektiv. Ich kann trotz Unsicherheit oder geringer Kompetenz extrem kompetent wirken. Wichtig ist nur, dass ich mögliche Zweifel unbedingt für mich behalte und sie meine Wirkung nicht beeinträchtigen. Wenn jemand die Hypnose mit den Worten beginnt: „Du, ich habe das letzte Woche erst gelernt und bin noch etwas unsicher. Wir können das jetzt mal versuchen und einfach gucken, ob es klappt.", dann ist die Wahrscheinlichkeit sehr gering, dass er damit erfolgreich ist. Denn diese Einleitung beeinflusst die Wahrnehmung und das Empfinden des Hypnotees in Richtung Scheitern. Der Hypnotee möchte sich in kompetenten Händen fühlen und geführt werden und das kann er nur, wenn der Hypnotiseur verbal und nonverbal seinem Bild von einem erfahrenen Hypnotiseur entspricht.

Beispiel: Zweifel für sich behalten

Eines meiner Hypnose-Seminare besuchte eine junge Frau, die in den Beinen, Händen und teilweise im Gesicht gelähmt war. An sich ist das nicht weiter erwähnenswert. Das Überwinden des eigenen Handycaps, worin immer es auch bestehen mag, ist in der Hypnose elementar; eine Lähmung mag unter diesem Aspekt sogar eine geringere Hypothek sein als beispielsweise ein schlechtes Selbstbewusstsein – zwar äußerlich meist nicht offensichtlich, aber eben doch ein großes Hindernis für den überzeugenden Auftritt.

Besagter Teilnehmerin gelang es aber dann doch, mich zu überraschen. Nach dem ersten Seminartag ging die ganze Gruppe – rund 20 Teilnehmer – zusammen in eine Bar. Die junge Frau war die erste, die aufstand, an einen anderen Tisch ging und völlig fremden Personen „ein kleines Hypnosespiel" vorschlug. Sie trug dies so überzeugend vor, dass ihre zufälligen Probanden sich nicht nur auf das Experiment einließen, sondern sie auch noch erfolgreich war. Zwei Frauen fielen schon nach kurzer Zeit in eine leichte Trance. Was augenscheinlich wie ein Handycap

> aussehen mag, ist dies in der Hypnose nicht: Die Kunst der
> Antizipation von gewünschter Wirkung nivelliert auch das,
> was uns im Alltag als Defizit erscheint.
>
> War sie aufgeregt? Natürlich hatte sie Zweifel, ob sie
> das kann. Doch sie hat diese Zweifel für sich behalten und
> hat eine neue Realität erschaffen. Für die Außenwelt und
> für sich selbst!

Die Inszenierung einer Figur, wie anfangs beschrieben, ist
ein ganz wichtiger Teil, um eine beeindruckende Wirkung
zu erzielen. Mit dieser Vorbereitung haben wir auch ein
gewisses Konzept, nach dem wir uns in speziellen Situationen verhalten können. Ob wir nun eine Rede halten,
ein Bewerbungsgespräch führen oder in einer Talkrunde
sitzen. Wir dürfen uns währenddessen nicht hinterfragen
und überprüfen, ob wir beim Publikum gut ankommen.
Dieser innere Monolog bringt uns sonst in den Tiefstatus
und raubt uns die Kraft für ein sicheres Auftreten.

Inszenierung

Die landläufige Annahme, dass Kleider Leute machen,
muss hier meiner Meinung nach unbedingt ergänzt werden: Kleider machen Leute, aber nicht nur! Der teuerste
Maßanzug, das schönste Kleid, das perfekteste Outfit reichen nicht aus, wenn die innere Haltung des so wunder-
bar gekleideten Menschen nicht entsprechend stark ist.

Dies lässt sich ohne Weiteres auf (fast) jede Situation in unserem Alltag übertragen. Es geht darum, unser
Erscheinungsbild und vor allem unsere innere Haltung in

Einklang mit der von uns intendierten Wirkung zu bringen. Stimmig zu sein. Dann wirken wir auch ohne Maßanzug und Einstecktuch.

Wenn aber diese selbstbewusste innere Haltung noch nicht da ist, kann man sie trainieren:

Stimmen Sie sich darauf ein, heute ein selbstbewusster (oder gelassener etc.) Mensch zu sein, so können Sie Ihre innere Haltung verändern und die gewünschte Disposition zu Ihrer eigenen machen. Ihre innere Wahrheit bestimmt Ihr Verhalten – und dieses beeinflusst auch Ihre Außenwirkung.

Auf der Bühne möchte ich überzeugen und meine Wirkung gezielt einsetzen. Ich möchte dabei nichts dem Zufall überlassen, Magie entsteht eben nicht zufällig. Wenn ich Geschichten in meiner Show erzähle, reicht es auch nicht aus, dass sie interessant oder spannend sind. Ich muss sie entsprechend darbieten. Meine Stimme und Körpersprache beeinflussen enorm die Wirkung dieser Geschichten und bestimmen, ob ich die Zuschauer fessle und mit auf eine Reise nehme oder ob sie mit ihren Gedanken abschweifen.

Dies gilt im Übrigen für Präsentationen aller Art: Ich habe Koryphäen auf Bühnen sprechen gesehen, deren Wissen und Kompetenz in ihrem Feld enorm waren. Allerdings waren sie einschläfernd und hatten sich offensichtlich keine Gedanken um ihre Wirkung gemacht. Das erschwert natürlich den Zuhörern die Aufnahme ihrer Botschaft. Wir Menschen wollen ja auch immer etwas unterhalten werden. Wie Kinder lernen wir nun mal am besten im Spiel. Um also das Publikum wirkungsvoll zu erreichen, bedarf es immer einer gewissen Inszenierung.

Diese wirkt im Übrigen stärker, je mehr Sinne Sie ansprechen: Mit Hilfe von Musik, Lichtstimmungen, Bildern etc. steigern Sie den Einfluss auf die Wahrnehmung Ihrer Zuschauer.

Wirkung

Bei allem bisher aufgeführten ist mir wichtig, festzuhalten, dass es nicht darum geht, das ganze Leben zu inszenieren. Ich beziehe mich auf ausgewählte Situationen, für die Sie ein angemessenes Verhalten und die entsprechende Wirkung bestimmen. Es geht auch nicht darum, sich zu verstellen. Authentische Wirkung ist enorm wichtig – auch, wenn Sie Ihre Erscheinung absichtsvoll formen. Nur, wenn Sie wahrhaftig wirken, nimmt Ihr Gegenüber Ihnen Ihre Botschaft auch ab.

Doch wie Sie Ihre Botschaft rüberbringen, ist von entscheidender Bedeutung. Machen Sie es Ihrem Publikum leicht, Ihnen zu folgen. Gewinnen Sie seine Gunst, überraschen Sie es und führen Sie es sicher in die tiefsten Tiefen des Kaninchenbaus.

Wirkung: wahrlich zauberhaft!

Wir haben für dieses Buch zuerst einen Magier befragt, was Wirkung für ihn sei und wie sie entstehe. Ist das ein Widerspruch? Haben wir nicht gesagt, jeder könne wirken – und nun soll es plötzlich Zauberei brauchen? Für Thimon von Berlepsch besteht im Wirken im Alltag und dem Zaubern auf der Bühne gar kein Unterschied: Mache dich kraft deiner Gedanken zu der Person, die du sein willst, dann werden dich auch alle anderen so sehen; so lässt sich seine These etwa zusammenfassen.

1. Definieren Sie drei Attribute, die Ihre gewünschte Wirkung am besten beschreiben.
2. Nehmen Sie eine Körperhaltung ein, die dem Wirkungsziel entspricht.
3. Überlegen Sie sich ein Mantra, Ihren persönlichen Zauberspruch, der mit Ihrem Wirkungsziel verknüpft ist.
4. Bringen Sie Ihr gesamtes Erscheinungsbild in Einklang mit der Persönlichkeit, die andere in Ihnen sehen sollen.
5. Finden Sie immer die Vermittlung zwischen Ihren individuellen Anlagen und dem, was Sie erreichen möchten.

Literatur

Cuddy, A (2012) Your body language may shape who you are. TED Conferences, LLC. https://youtu.be/Ks-_Mh1QhMc. Zugegriffen: 11. Febr. 2018

Weiterführende Literatur

Berlepsch T von (2016) Der Magier in uns. Wie wir mit Neugier und Vorstellungskraft unsere Wahrnehmung verändern können. Goldmann, München

Wie bringt man sich in einen Wirkungs-Modus?

Stefan Wachtel

Inhaltsverzeichnis

S. Wachtel (✉)
Frankfurt, Deutschland
E-Mail: dr.wachtel@leading-coaches-of-the-world.com

© Springer Fachmedien Wiesbaden GmbH, ein Teil von
Springer Nature 2019
S. Wachtel und S. Etzel (Hrsg.), *Jeder kann wirken*,
https://doi.org/10.1007/978-3-658-20123-4_2

Zusammenfassung Wirkung in Rede und Antwort entsteht nicht nur aus den Fähigkeiten einzelner Personen. Rhetorische Höchstleistungen: Aussprache, Stimme, gar Schlagfertigkeit, das ist es gerade nicht. Aber was dann? Es ist die Professionalität der Vorbereitung. Erstens, ein Mindset, auf Wirkung gebürstet, das schnelle Hineinkommen in einen „Executive Modus". Zweitens, der Schwerpunkt des Textes: Spitzenmanager haben Teams hinter und neben sich, die kennen bewährte Prozesse, für alles, vom Briefing bis zum letzten Rede-Chart. All das lässt sich vereinfacht auf uns alle anwenden.

> Are you good enough to get better? (John Wooden, Basketballtrainer).

Wie machen die das?

Was ist die Aufgabe von Managern? Nach innen Zusammenarbeit organisieren und nach außen Freunde finden, nicht aus der Rolle fallen, das Gehalt wert sein. Es geht um Wirkung (Wachtel 1999, 2001, 2003, 2018b). Um das zu erreichen, muss man in einen Wirkungs-Modus gehen. Und das kann jeder. Jeder kann wirken (Abb. 1).

Abb. 1 Vorbereitung: Preparation, Product, Process, Procedure, Performance

Es gibt für Manager zwei Modi. Der eine ist der der täglichen Abläufe. In dem geht es darum, Komplexität zu beherrschen, manchmal auch, sich durchzuwurschteln, Daten zu komprimieren, Sachverhalte zu beurteilen und nach Wahrheiten zu suchen. Es werden Entscheidungen getroffen – die dann wiederum mit Fakten oder auch nur vermeintlichen Fakten gerechtfertigt werden – oft von ganz tief unten, in Kästen und Pyramiden. In einem zweiten, ganz anderen Modus wirkt man über das tägliche Managen hinaus; hier streben wir nach mehr Effekt, hier reden wir eher in Trichtern, nach dem „Zielsatz-Prinzip". In diesen zweiten Modus wird umgeschaltet, wenn es drauf ankommt. Dieser Modus verlangt weniger logische Wahrheitssuche als ein Wirkungsziel, Beziehungen und Pointierung. Ich nenne diesen Zustand „Executive

Modus". In diesen Wirkungsmodus sollte jeder gehen, der Wirkung erzeugen will, nicht nur Spitzenmanager. Man kann einiges – bei Weitem nicht alles – von ihnen lernen.

Noch vor einigen Jahren gab es die Trennung: Die DAX-Vorstände auf der einen, ein paar Start-ups auf der anderen Seite. Diese Trennung gibt es heute nicht mehr, die Topleute sind sich sehr ähnlich, von ihrer Lernbereitschaft wie von ihren Fähigkeiten her. Ob jemand 28 ist und gerade ein Start-up gegründet hat, oder ob ein anderer mit 42 in einem DAX-Unternehmen Bereichsvorstand geworden ist, mein ältester Klient ist 68 – das ist dieselbe Art Mensch. Alle wollen das Gleiche. Alle wollen lernen, wollen verstehen, wollen Zusammenarbeit organisieren nach innen und Freunde schaffen nach außen.

Was einen Spitzenmanager vom Manager unterscheidet, ist das Lernen. Die oben lernen schneller als die unten, und sie lernen ständig. Die Guten versuchen, möglichst viele Berater und Sparringspartner zu bekommen. Hinzu kommt: Die Guten fordern ständig zum Feedback auf. Umgekehrt werden Spitzenmanager von Aufsichtsräten aussortiert, sobald ihre Lernfähigkeit sinkt. Dann übrigens waren sie am X-Punkt, an einer Art Kreuzung zweier Linien: die steigende Wichtigkeits- und Gehaltslinie, und die sinkende Lern-Linie (Wachtel 2014).

„Was hätten Sie für mich, wenn ich morgen vor XY rede?" fragt der Vorstand im Pitch der Kommunikationsberater. Wie muss der Auftritt sein, damit er überzeugend gelingt? Und wie lässt er sich professionell vorbereiten? Was die tun, könnte jeder tun – auch ohne den teils hohen Beratungsaufwand. Deshalb breite ich hier Methoden der

Arbeit mit Spitzenmanagern aus. Aber bevor ich beginne: In welcher Rolle stehen Topmanager da?

Der Mensch ist noch immer dem Menschen das Anziehendste. Jedes Unternehmen wird nach seinem Personal beurteilt. Ich nenne das das Pars-pro-toto-Prinzip: Wirtschaftszeitungen breiten regelmäßig Typenlisten der Redeweisen von Spitzenmanagern aus: der Langweiler, der Ignorant, der freundliche Ausgleicher, der seriöse Modernisierer, der kalte Macher, der freundliche Macher. Solche Bilder färben zugleich auf das Image des Hauses ab. Aber dem hängt der Ruch des Zufälligen an – „So ist unser Vorstand eben". Das unterstützt gute Arbeit an Wirkung aber gerade nicht. Damit sind wir schon bei der ersten Frage – und der allerersten Antwort: Wie erreicht man keine Wirkung?

Was verhindert gute Wirkung?

Zu viel Authentizität – Trennung Mensch und Rolle

Authentizität oder irgendeine Echtheit als Kampfbegriffe sind irreführend. Manch einer ist „allzu authentisch" (Wachtel 2018a), so wird Wert vernichtet. Spitzenmanager sind nicht als sich selbst suchende Individuen gefragt, sondern in ihrer professionellen Rolle.

Sobald jemand aufsteht und sagt: „Ich bin authentisch!", regt sich Widerstand. Auch in globalen Diskussionen seriöser Wissenschaft hinterlässt das Thema einige Fragezeichen. Authentizität schaffte es aus diesem Grund 2015 als Aufmacher in die Harvard Business

Review – die Titelstory war gewürzt mit der Zeile: „Feeling like a fake can be a sign of growth" (Ibarra 2015b). Das ist stark, oder? Dieses merkwürdige Phänomen ist seit den Jahren 2014 und 2015 eines der am meisten diskutierten Themen der internationalen Leadership-Literatur. Professionelle Authentizität ist im erwähnten „Executive Modus" eines der zwölf Prinzipien Wachtel (2017).

Wir haben dafür nicht gerade die besten Voraussetzungen. Der Deutsche stammt vom deutschen Schäferhund ab, der ist auch authentisch! Mein Buch „Sei nicht authentisch!" (Wachtel 2013, 2014) ist nicht das erste, das das Phänomen beschreibt. Schon Rainer Niermeyer fand den „Mythos Authentizität" (2008). Und kürzlich Rolf Dobelli (2017): „Ein Hund ist authentisch. Sie aber sind ein Mensch." Herminia Ibarra (Ibarra 2015a) hat in ihrem Buch „Act Like a Leader, Think Like a Leader" unterschieden zwischen *true-to-selfers,* die ehrlich zu sich selbst sein wollen, und *chameleons.* Die Chamäleons sind natürlich die besseren Leader. Sie wissen, in welcher Kultur sie sich gerade bewegen. Adaption wird immer wichtiger, ebenso Lernfähigkeit. „Act like a leader" heißt: „Denk nicht so viel nach, mach's erst mal und hab' Spaß daran". Ein Kapitel heißt: „Be more playful with yourself". Spiel doch mal diese oder jene Rolle, probiere etwas aus. Nur nicht pur authentisch!

Authentisch sein und zugleich in der professionellen Rolle verankert bleiben, beides in einer guten Mischung, ist für Wirkung existenziell. Wenn dieses Verhältnis zu einer Seite kippt, ist es schief. In Deutschland kippt es oft zu der einen Seite: schlecht angezogen, riecht aus dem Mund, redet langweilig, ist aber ein guter Manager. Da stimmt die Balance nicht. Zu viel Authentizität. Adam Grant (2016) nannte „Sei Du selbst!" den schlechtesten Rat, den man bekommen kann. Wenn die Zeitschrift Cosmopolitan das zum Thema machte (Hechenberger 2017), müssten es alle verstehen: „Seien Sie bloß nicht Sie selbst!"

Zu viel Papier – selbsterklärende Charts

Vielfach sind „Vision und Mission" ausgearbeitet, Konzepte erstellt, Workshops in der Organisation installiert – die Kaskade sprudelt. Am Ende gibt es zu viel beschriebenes Papier anstatt eines brauchbaren Plans. Was wird produziert: 21 Charts! Aber die 21 Charts sind kein Plan. Sie locken nur einen Menschen in eine Falle – die heißt: „Das weißt du ja dann schon, da hast du ja deine Charts".

Ohne Plan entstehen im Auftritt oft genug Aussagen, die nicht zu den Zielen der Company passen – und/oder zu den eigenen. Irgendwas geredet, irgendwas angezogen, irgendwo gestanden, von irgendwoher den Raum betreten.

Zu viel Text – „gutes Deutsch", „gutes Englisch"

Wir kennen die Vorbehalte gegenüber Beratern („Das haben meine Referenten geschrieben", „Ich rede lieber frei"). Der Grund ist ein wenig geeigneter

Vorbereitungsprozess: Einer schreibt, ein anderer liest es vor, ein Dritter soll es verstehen.

Das Ergebnis integrierter Auftrittsvorbereitung sieht anders aus: Stichwortkonzepte zum frei reden, im Team entstanden. Der Vorstand kann dann den Text eines Redenschreibers nicht mehr in Bausch und Bogen verwerfen, denn es gibt keinen mehr, den er einfach vorlesen könnte; sein Stichwortkonzept ist mit ihm in Teamarbeit entstanden. Natürlich braucht es dazu Papiere: Redemanuskripte, Stichwort-Reden und -Antworten. Die müssen aber mündlich geschrieben sein: „Schreiben fürs Hören" (Wachtel 2013)!

Zu viele Fragen, unklare Themen

Experten beantworten Fragen. Das ist gut so. Executives sprechen zu Themen. Das ist ein gewaltiger Unterschied. Wenn man Wirkung erzielen will, geht es darum, strittige Themen auszuwählen, und auf diese situativ Antwort geben können. Rhetorische Wirkung entsteht auch aus originellem Inhalt und seiner Wiederholung. Dazu haben kommunikativ professionelle Spitzenmanager eine Art Datenbank aus Zitaten und Soundbites, die stetig aktualisiert wird.

„Was genau sage ich, wenn ich gefragt werde?", das fragt jeder, der sich über kritische Themen Gedanken macht. Oft sind es Fragen, die in Varianten immer wieder gestellt werden. Das Gute: Es sind weit weniger, als Sie denken. Denn es gibt zwar tausende verschiedene Fragen, aber nur wenige wiederkehrende Themen, auf die man sich vorbereiten kann. Insgesamt gilt: von Fragen zu Themen. Die nächste gute Nachricht: Sie können die Themen jederzeit parat haben, wie Politiker es in einem Wahlkampf tun.

Inhalt und Form getrennt – „Körpersprache"

Die „Rede" ist fertig, nur gestikuliert der noch irgendwie falsch, die Antworten liegen als Q&A-Stapel dort. Die Lösung scheint einfach. Irgendeine „Körpersprache" soll „optimiert" werden. Das ist nicht selten die Anforderung an einen Coach für die Vorbereitung auf öffentliche Auftritte. Wenn interne und externe Berater so herangehen, ist es folgerichtig, dass auch mancher Vorstand sich das wirklich so vorstellt: Darstellungskunst, mit der ein „Inhalt" eingeübt wird. Integrierte Vorbereitung sieht anders aus. Es gibt keine „Körpersprache", das würde eine Semantik voraussetzen. Es gibt nur Körperausdruck: Es kommt dem anderen passend vor oder nicht. Und es gibt ein paar physiologische Regeln, etwa die Gestik frei einzusetzen. Das war's.

Falsche Rede-Prozedur

Es gibt drei Prozeduren des Sprechens:

1. Vor- bzw. Ablesen
2. Auswendig gelerntes wiedergeben
3. Frei reden

Vorgelesene Texte sollten die Ausnahme sein – z. B. bei Hauptversammlungen (aber nicht bei jeder), Pressekonferenzen (bei Weitem nicht bei jeder). Auswendig sprechen nur in Ausnahmen. Die beste Grundlage sind Stichwortkonzepte für Reden ebenso wie für kurze Statements und für Antworten.

Nicht eingeübt

Sloterdijk schreibt in „Du musst dein Leben ändern!" von einer Jahrtausende alten Philosophie des Übens. Es geht um regelmäßige Exerzitien – Exerzitien heißt: Man muss es nicht nur verstehen; man muss es machen.

Der beste Auftritt ist der vorbereitete – und trainierte. Dazu gibt es Coaching – für den richtigen Film, in den man kommen muss („Executive Modus" Wachtel 2017), etwa prophylaktisch, wenn jemand in eine neue Rolle kommt. Aber auch unmittelbar vor dem Auftritt, und das braucht Training. Heute kann keiner mehr sagen: „Das liegt mir nicht so". Es ist egal, ob einem das liegt oder nicht. Man kann und muss es lernen.

Nicht inszeniert

Werbeauftritt, PR und Auftritt von Personen, so definiert sich die Unternehmensmarke. Nicht anders als die Images aus Spots, Plakaten und Presseäußerungen wird das Bild von Spitzenmanagern in Aktion darauf einzahlen. Bei aller Rücksicht auf die deutsche Seele, der so etwas suspekt ist: Es gibt dafür keinen treffenderen Begriff als *inszenieren*.

Das braucht Anleihen aus der Theaterdramaturgie – denn die Inszenierung der Auftretenden (Haltung, Stand, Bewegungen der redenden Akteure), das *Staging,* bestimmt die Wirkung wesentlich mit.

Falsches Outfit, verheerende Fotos

Allein ein Foto kann alles zunichtemachen, was vorher noch stimmte. Auch der Dresscode muss passen, die Situationen definiert und beides mit der Individualität der Person verknüpft. Näheres dazu bietet das Kap. „Ihr Outfit zeigt, in welcher Liga Sie spielen: Dresscode & Style".

Wie bereitet man einen wirkungsvollen Auftritt vor?

Mit Beratern! Was unterscheidet die guten von den schlechten? Prinzipien: Lückenlose Diskretion Unternehmen und Namen betreffend. In der integrierten Auftrittsvorbereitung verbietet sich die Offenlegung der Klienten; das passt nicht zum Stil dieser Arbeit. Dies hat zur Konsequenz, dass die Beratung von Spitzenmanagern vertraglich außerhalb großer Agenturapparate – und ihrer Datensysteme – agieren muss. Wer eine „Kundenliste" vorzeigt, hat den Anspruch auf Seriosität verwirkt. Diskretion ist nicht zu verwechseln mit der Vertraulichkeit die Inhalte betreffend, die noch selbstverständlicher ist.

Und das Wichtigste wird gern vergessen: Methodische Qualifikation. Nicht psychologische Diagnostik, sondern rhetorische Didaktik. Dazwischen liegen Welten. Didaktische Qualifikation muss sein für die Arbeit an zwei Dingen: an Einstellungen und an Fähigkeiten

Mindset: Executive Modus!

Zurück zum Ausgang. Im Business-Alltag geht es um Führungswirkung! Mindset heißt: Man muss wissen, in welchem Film man spielt – überhaupt, dass man in einem Film spielt – und in welchem Modus. Erst darauf können die Fähigkeiten folgen, die „Capabilities". Es ist nicht anders als vor 20 oder 100 oder 2000 Jahren. Einer möchte von etwas überzeugen, dann ist die Grundfrage: In welchem Modus ist er? Ist er Experte und erläutert Sachverhalte? Oder ist er Richtungsweiser und sagt, warum?

Executive Modus

Immer wieder Rolle und Mensch gut justieren, darum geht es. Das nenne ich den „Executive Modus." Wer nicht teure Berater zahlen kann, sollte wenigstens an seiner Einstellung zu Auftritt und Führungswirkung arbeiten. Dazu braucht man 12 Prinzipien:

1. Aus dem Maschinenraum zur Flughöhe
2. Von sachlich zu persönlich
3. Von vollständig zu Auswahl
4. Von schriftlich zu mündlich
5. Von Papier zu Aktion
6. Von Recht behalten zu „Alles ist wahr!"
7. Von Neuigkeit zu Wiederholung
8. Von komprimiert zu entzerrt

9. Von komplex zu einfach
10. Von stumpf zu pointiert
11. Von herkömmlich zu attraktiv
12. Von Nur-Authentisch zu Rollenbalance

Fähigkeiten: Training meist one-on-one

Der gelungene Auftritt ist in der Regel das Ergebnis intensiver Vorarbeit. Selbst sprachlich höchst ritualisierte Veranstaltungen, wie Hauptversammlungen oder Pressekonferenzen, verlangen Vorarbeit in Probe und Aktion. Als Training. Das bereitet den oder die Auftretenden vor auf Rede, Präsentation, Diskussionen, Medienauftritte, Finanzpräsentation. Trainingsfelder sind rhetorische Fähigkeiten:

* Stringenz der Äußerungen (Denkstil),
* Textform der Äußerungen (Sprachstil),
* Ton der Äußerungen (Sprechstil).
* Art der Raumbeherrschung (Staging)

Executive Modus Briefing

Das sind Workshops mit vier bis neun Managern. Hier geht es um Positionierung, hier erfolgt die Planung von Auftritten, aller Äußerungen und das gemeinsame Abschmecken der Botschaften. Wer, wo, zu welchen Themen? Dazu gehört auch die Planung der Inszenierung, Foto, Videos.

Arbeit mit Kommunikationsleuten und Zulieferern

Der Auftritt braucht professionelles Hinterland: Deshalb Training für Kommunikationsleute und Assistenten, als Workshops für bessere, im Auftritt brauchbare Reden, Themen- Module statt herkömmlicher Q & A. Ob Rede oder Antwort: Das Prinzip dahinter ist immer: Wenn schon Texte, dann „Schreiben fürs Hören". Die Frage ist: Wie hole ich Menschen ab? Ich sehe zum Beispiel Redeentwürfe, in denen es etwa heißt: „Wir sind einem tief greifenden Wandel unterworfen." Ganz bitter. Das ist Industrielyrik. Und die steht im Wege: Tief greifender Wandel, strategische Herausforderungen, Schlüssel des Erfolges, weiter voran schreiten auf unserem erfolgreichen Weg… Wir brauchen wirklich mündliche Sprache, die im Alltag auch gesprochen wird, um Menschen mitzunehmen. Am Ende geht es um Wirkung. Dazu kann man nicht alles übernehmen, mit dem Spitzenmanager sich vorbereiten oder vorbereitet werden, aber viel.

Wirken als Imperativ: Wirkung im Executive Modus

Ein Buch, das zeigen soll, wie man zum Wirken kommt – und dann lesen wir erst einmal, was alles schief geht mit der Wirkung? Der Executive Coach Dr. Stefan Wachtel hat es auch mit denen zu tun, die an der Schwelle zur Selbstgefälligkeit nur noch um des Selbstzwecks willen wirken. Nicht von diesen, sondern von jenen anderen sollen wir lernen: Von denen, die immer das Wirkungsziel – also die Sache oder die Botschaft, für die sie stehen – im Blick haben und dabei immer auch den anderen Menschen sehen. Sie können uns anregen, Wirkung als Aufgabe zu sehen – das geht auch ohne eine Armada von Beratern im Hintergrund:

1. Formulieren Sie Ihr Wirkungsziel in einem Zielsatz und ordnen Sie diesem alles Weitere an Inhalten und Gestaltung konsequent unter.

2. Verzichten Sie dabei auf Details – Wählen Sie die Perspektive des Großen und Ganzen: Nicht die Fülle der Fakten und Details überzeugt, sondern der persönliche Bezug, den Sie herstellen. Im Vortrag gilt es, nicht kleinlich zu beharren, sondern alle Einwände und andere Positionen aufzunehmen und einzuordnen.
3. Sagen Sie es klar und einfach – was dem anderen kompliziert erscheint, lässt ihn zweifeln oder gar abschalten. Ihre Botschaft soll nachhaltig wirken.
4. Sprechen Sie frei – lesen Sie höchstens mal ein Zitat ab. Machen Sie sich übersichtliche Stichworte und halten Sie immer wieder den Blickkontakt mit den Zuhörern.
5. Nehmen Sie konstruktive Fragen und Einwände stets auf, aber lassen Sie sich von bloßen Störungen nicht irritieren, sondern gehen einfach souverän darüber hinweg.

Literatur

Dobelli R (2017) Wir Unauthentischen. https://www.nzz.ch/feuilleton/die-kunst-des-guten-lebens/die-kunst-des-guten-lebens-wir-unauthentischen-ld.1308362. Zugegriffen 11. Febr. 2018

Grant A (2016) Unless You're Oprah, Be Yourself is Terrible Advice. New York Times Online. https://www.nytimes.com/2016/06/05/opinion/sunday/unless-youre-oprah-be-yourself-is-terrible-advice.html. Zugegriffen 11. Febr. 2018

Hechenberger L (2017) Seien Sie bloß nicht Sie selbst. Cosmopolitan, Bauer Hamburg

Ibarra H (2015a) Act like a leader, Think like a leader. Harvard Business Review Press, Boston

Ibarra H (2015b) The authenticity paradox. Harvard Business Review. https://hbr.org/2015/01/the-authenticity-paradox. Zugegriffen 11. Febr. 2018

Niermeyer R (2008). Mythos Authentizität: Die Kunst, die richtigen Führungsrollen zu spielen. Frankfurt, Campus

Wachtel S (1999) Überzeugen vor Mikrofon und Kamera. Frankfurt, Campus

Wachtel S (2001) Topmanager: Vor Mikrofon und Kamera professionell auftreten. Harvard Business manager 5:96–102

Wachtel S (2003) Rhetorik und Public Relations. Mündliche Kommunikation von Issues. Murmann, München

Wachtel S (2013) Schreiben fürs Hören. Herbert von Halem Verlag, Köln

Wachtel S (2014) Sei nicht authentisch! Warum klug manchmal besser ist als echt. Plassen, Kulmbach

Wachtel S (2017) Executive Modus. 12 Taktiken für mehr Führungswirkung. Hanser, München

Wachtel S (2018a) Die Kunst des Authentischen: 67 Wege aus dem falschen Film. Frankfurt

Wachtel S (2018b) Das Zielsatz-Prinzip. Warum Pointierung unsere Wirkung erhöht. Midas, Zürich

Lieber falsch sprechen als nicht sprechen? Kommunikation, Wirkung & Präsenz

Jürgen Schulz

Inhaltsverzeichnis

J. Schulz (✉)
Berlin, Deutschland
E-Mail: jwschulz@udk-berlin.de

© Springer Fachmedien Wiesbaden GmbH, ein Teil von
Springer Nature 2019
S. Wachtel und S. Etzel (Hrsg.), *Jeder kann wirken*,
https://doi.org/10.1007/978-3-658-20123-4_3

Zusammenfassung Faktenchecks, Fakenews, Authentizität…
Kommunikation über Kommunikation wird immer noch trivialisiert. Der Beitrag beleuchtet aktuelle Probleme öffentlicher Kommunikation und ihrer Wirkung aus einer geistreichen
geisteswissenschaftlichen Perspektive.

> Vergebens predigt Salomo, die Leute machen's doch
> nicht so (Wilhelm Busch, Aphorismen, Reime und Sinn
> sprüche).

Kommunikation (und ihre Wirkung) ist für die einen
nicht der Rede wert und für andere unerklärlich. Ob sich
beim Lesen dieses Textes etwas erklärt, bleibt fraglich. Mir
bleibt ohne Gram das dazu passende Zitat:

> Wenn man keine Ahnung hat: Einfach mal Fresse halten
> (Dieter Nuhr, „Nuhr nach vorn" (Tour-Programm 1998)).

Mein kursorischer Versuch gliedert sich in folgende
Abschnitte:

1. Abschn. „Kommunikation – unwahrscheinlich und
   riskant"
2. Abschn. „Kommunikation agonal"
3. Abschn. „Fakten, Fakes und Fiktionen"
4. Abschn. „Kommunikations-Strategie: Wirkungsplanung"
5. Abschn. „Wirkung"
6. Abschn. „Anschluss und Abschluss"

Kommunikation – unwahrscheinlich und riskant

Kommunikation als Eigentor

„Es gibt Menschen, ein bisschen fettleibig und ein bisschen arm, die immer noch gerne auf dem Sofa sitzen, sich zurücklehnen und gerne unterhalten werden wollen. Das ist eine Kernzielgruppe, die sich nicht ändert."

Für Thomas Ebeling, den ehemaligen Vorstandsvorsitzenden von ProSiebenSat1 bedeutete dieser Redebeitrag vor Analysten ungewollt und unfreiwillig das Aus. Dabei wollte der Konzernchef wahrscheinlich nur etwas auf die Frage nach der Bedeutung von Mobile Media und Netflix entgegnen. Inhaltlich lag er vielleicht noch nicht einmal falsch. Auf dem Sofa vor dem Fernseher wird die Armut des Medienangebotes nicht selten mit Kalorienreichtum kompensiert, wobei dies sicherlich alle TV-süchtigen Serienjunkies gemeinsam haben. Aber er hat die Zuschauer beleidigt – statt das eigene schale Programm zu hinterfragen. Menschliche Kommunikation kann richtig und falsch zugleich sein.

Doch was steckt eigentlich hinter der Wirkung von Kommunikation, dieser bemerkenswertesten theoretischen Erfindung des 20. Jahrhunderts (Abb. 1)?

Das Wort Kommunikation ist abgeleitet von Gemeinschaft (lateinisch Communitas). Kommunikation konstituiert das soziale Miteinander, aus dem man durch Exkommunikation bekanntlich ausgeschlossen werden kann und das trifft, wie das Beispiel oben zeigt, nicht nur für religiöse Gemeinschaften zu.

Abb. 1   Die Wirkung von Kommunikation – bemerkenswert

Üblicherweise wird Kommunikation bzw. Kommunizieren mit dem Austausch von Informationen gleichgesetzt. Einige pointierte Einwände gegen diese saloppe Vorstellung sind:

* Im Gegensatz zu Tauschprozessen wird in Kommunikationsprozessen nichts ausgetauscht. Ein Kommunikator gibt nichts ab und es ist mehr als fraglich, ob der Empfänger durch den Kommunikationsprozess etwas hinzugewinnt.
* Kommunikation als objektivierbarer Informationsaustausch ist allein schon deshalb unmöglich, weil Erwartungshaltungen von Mensch zu Mensch variieren. In der Regel unterscheidet sich die Information des

Empfängers von der des Senders – denn sonst hätten wir es mit identischen Personen zu tun.

* Wie wir aus unzähligen Alltagserfahrungen wissen, ist eine Gleichsetzung meistens die Ursache von Kommunikationsproblemen bzw. Missverständnissen. In jedem Fall gibt es Unterschiede zwischen dem Gesagten, dem Gemeinten und wie beides verstanden wird (bzw. wirkt) und das nicht nur im Fall von Ironie.

* Menschliche Kommunikation ist kein zwangsläufiger Prozess. Dass ein Sender existiert, heißt längst noch nicht, dass auch etwas empfangen werden muss. Menschen besitzen die große Gabe der selektiven Wahrnehmung.

Der letzte Punkt führt uns zu einem Kommunikationsverständnis, das Kommunikation nicht als Gegenstand, Ding oder Sache begreift, sondern als Prozessieren bzw. Oszillieren. Der Soziologe Niklas Luhmann (1995) beschreibt Kommunikation als Zusammenkommen von drei verschiedenen Selektionen – nämlich der Auswahl einer Information, der Auswahl einer Mitteilung dieser Information und selektives Verstehen oder Missverstehen der Mitteilung und ihrer Information.

Luhmann folgert provokant, dass nicht die Menschen kommunizieren, sondern die Kommunikation kommuniziert. Die Anschlussfähigkeit der Kommunikation bzw. wie in dem oben genannten Beispiel die Anschlusslosigkeit, über die dann wiederum anschlussvoll kommuniziert werden kann, wird zum entscheidenden Kriterium von Kommunikation. Es gibt aber noch mindestens drei weitere praktische Konsequenzen des Luhmann'schen Kommunikationsverständnisses, die erwähnt werden müssen:

I.   Das grundsätzliche Risiko jeder Kommunikation
II. Die Nichtkommunizierbarkeit von Aufrichtigkeit
III. Das Infragestellen eines Wirkungsziels von Kommuni- kation a priori

I. Das grundsätzliche Risiko jeder Kommunikation

Man trifft in einer Bar oder einem Café auf einen Men- schen, den man spontan sympathisch findet. Was hält einen davon ab, diesen Menschen anzusprechen? Jede Kommunikation birgt das grundsätzliche Risiko der Ablehnung; je höher die Wahrscheinlichkeit einer Ablehnung ist, desto mehr neigt man dazu, die Kommuni- kation ganz zu lassen.

Verstärkt wird das Problem häufig noch durch unfreiwillige Fehlleistungen von Sprechern. Gedanken rut- schen – z. B. als Freud'sche Versprecher – voreilig heraus, werden zum Thema und müssen dann gezwungenermaßen durch weitere Kommunikation behandelt werden. Was einmal auf die Agenda der Kommunikation gesetzt wurde, lässt sich nicht einfach wieder tilgen, sondern verlangt wiederum Kommunikation.

Ein weiteres Problem betrifft eine Eigenart in der Wir- kung von Aufzeichnungsmedien. Kommunikation in audiovisuellen Medien ist spätestens für das Publikum live und unmittelbar. Es ist nicht möglich – wie beim

Dreh eines Werbespots – die Szene mehrmals zu wiederholen oder eine Pressemitteilung nachträglich zu korrigieren. Eben diese Montagemöglichkeiten besitzen aber die öffentlichen, privaten und vor allem die sogenannten sozialen Medien. Man muss also stets damit rechnen, dass das Gesendete nicht mehr der Intention des Sprechers entspricht. Dazu kommt die zeitliche Unbestimmbarkeit der Veröffentlichung vorzugsweise nicht mehr linear rezipierter Medien. Die Sprecher haben dadurch die Kontrolle über ihre öffentlichen Äußerungen weitestgehend verloren. Es kann leicht passieren, dass eine ursprünglich adäquate Äußerung in anderer zeitlicher, sozialer und inhaltlicher Konstellation völlig deplatziert wirkt.

Das Risiko der Kommunikation besteht aber nicht nur in der Annahme und Ablehnung von Kommunikation als Voraussetzung für weitere Kommunikation. Das Risiko der Kommunikation betrifft alle drei Einzelselektionen. Das Risiko der Mitteilung betrifft die Selektion dieser im Rahmen eines Überflusses an Kommunikationsangeboten. Das Risiko der Information betrifft die Differenz zwischen Sender- und Empfängerinformation, das Risiko des Verstehens besteht in der Möglichkeit des Miss- oder Nichtverstehens einer Kommunikation. Dazu kommt, dass Missverstehen nicht einfach kommunikativ aufgeklärt werden kann. Die Aussage, „Du verstehst mich nicht", trifft in der Regel auf Unverständnis.

II. Die Nichtkommunizierbarkeit von Aufrichtigkeit

Ich komme an einem Restaurant vorbei. Davor steht angeschrieben: „Heute frischer Fisch." In einer Broschüre eines Unternehmens lese ich: „Frauen sind bei uns gleichberechtigt." Kommunikation dupliziert die Realität, weil automatisch die andere Option einer Information – dass es auch anders sein könnte – mitkommuniziert wird. Genau das ist das Problem der viel beschworenen Authentizität. Wenn wir davon ausgehen müssen, dass das Gesagte nicht das Gemeinte ist – außer vielleicht für Molières Misanthrop, aber dessen Problem ist bekanntlich das Risiko der Kommunikation –, dann kann man umgekehrt auch nicht sagen, was man meint, ohne in Verdacht zu geraten, dass dahinter wiederum etwas Uneigentliches steckt.

Wenn ich von einem Politiker höre, man habe sich nichts vorzuwerfen, so werde ich durch die Kommunikation automatisch darauf hingewiesen, dass es auch anders sein könnte. Wenn ein Unternehmen z. B. vollmundig erklärt, dass der Kunde im Mittelpunkt stünde, die wirtschaftliche Zukunft gesichert sei oder keine Gefahr für die Verbraucher bestehe, so wird das beim Zuhörer gegebenenfalls Zweifel auslösen. Diese Dichotomie einer Kommunikationseinheit stellt Kommunikatoren vor ein Problem, weil gerade Aufrichtigkeit kaum mehr mitzuteilen ist, bzw. man immer Gefahr läuft, „anders" verstanden zu werden.

III. Das Infragestellen eines Wirkungsziels der Kommunikation a priori

Gemeint ist die Theorie der Rationalität kommunikativen Handelns der Philosophen Karl-Otto Apel (1973) und Jürgen Habermas (1981). Niklas Luhmann (1995) widerspricht dem diskursethischen a priori, dass alle Kommunikation auf Einigung durch das bessere Argument aus sein solle. Allerdings betont Jürgen Habermas (1991) seine kontrafaktische Position als Ausgangspunkt seiner Theorie, die auf der unvermeidlichen Fiktion der Humanität des Umgangs unter Menschen beruht.

Kontrafaktische Unterstellungen sind insbesondere in der Politik elementar für die konkrete Politikherstellung. Solche dienstbaren Fiktionen oder „Als Obs" (Vaihinger 1911) setzen etwas voraus, was empirisch (noch) nicht nachzuweisen ist bzw. gar nicht existiert. Für die Politik ist z. B. Habermas' a priori der Verständigung im Diskurs ein *Als Ob* für die demokratische Politikherstellung. Natürlich ist die Theorie dieser Rationalität kommunikativen Handelns empirisch falsch. Aber darum geht es der Diskursethik nicht.

Ist Konsens darum gleich Nonsens? Wer es auf Konflikte anlegt, kommuniziert auch, allerdings ohne auf Verständigung aus zu sein.

Kommunikation agonal

Wer von Kommunikation Verständigung erwartet, wird über die mediatisierte Kommunikation des Internets ebenso bestürzt sein wie über das Nein von Kindern, die ihre Suppe nicht aufessen wollen. Allerdings gibt es dabei einen Unterschied. Die Kinder opponieren gewöhnlich noch nicht via Twitter und Facebook, sondern müssen ihre Ablehnung in direkter Kommunikation in

Anwesenheit der Eltern ausleben. Schriftliche Äußerungen können freier, sozial unverpflichtender formuliert und abgesondert werden als mündliche Kommunikation unter Anwesenden, in denen diese körperlich agieren und damit auch wahrnehmen, dass sie wahrgenommen werden. Auch zu Zeiten Franz Josef Strauß' und Herbert Wehners war Streit die übliche Kommunikation im Bundestag. Dahinter stand allerdings das a priori der Verständigung in einer deliberativen Demokratie.

Doch die Anforderungen haben sich geändert. Der modernen massenmedialen Öffentlichkeit sind die Themen eigentlich egal. Aufmerksamkeit und Anschlussfähigkeit sind entscheidend und die bedienen die Politiker der AfD mit ihren Unverschämtheiten genauso wie ein narzisstischer amerikanischer Präsident. Ziel ist nicht Verständigung, sondern gesellschaftliche Resonanz. Das Interesse an dieser Resonanz teilen die genannten Akteure mit den Massenmedien. Beide orientieren sich an einer Ökonomie der Aufmerksamkeit. Die Hemmschwellen dafür sind im Internet bekanntlich gering.

Konflikte entstehen durch die Ablehnung von Kommunikationsangeboten. Die Agonie (griech. ἀγωνία agonía, Kampf) kann viele Formen annehmen:

* Die Ablehnung kann sich auf ein konkretes Kommunikationsangebot beziehen und diesem widersprechen, oder noch Unausgesprochenes/Ungeschriebenes etwa als Gerücht vorwegnehmen, um die Gegenseite unter Zugzwang zu setzen.

* Die Ablehnung kann in stiller Form erfolgen, indem den Dingen eine andere Bedeutung und ein anderer Wert zugeschrieben wird.
* Die Ablehnung kann ostentativ durch „Guerilla-Methoden" erfolgen, indem die Position bzw. das Kommunikationsangebot der Gegenseite durch „Verfremdung" oder „Überidentifikation" thematisiert wird.
* Last not least wird beleidigt und das Image anderer verletzt.

Zwei Varianten können unterschieden werden. Beim interessierten Nein kann ein Interesse am Thema und der Lösung des Konflikts durch Verständigung unterstellt werden. Beim profilierenden Nein geht es den Akteuren vor allem um aufmerksamkeitsrelevante Kontroversen. Agonale Kommunikation ist parasitär, weil man letztlich der Gegenseite die eigenen Motive verdankt.

Die Politikwissenschaftlerin Chantal Mouffe (2000) sieht in der Anerkennung von Antagonismen im Sinne des interessierten Nein den Ausweg aus der gegenwärtigen Krise der Demokratie. Mouffes Alternative zum demokratiekritischen Diktum von Carl Schmitt, nach der Politik die Unterscheidung zwischen Freund und Feind sei, ist ein gezähmter Antagonismus aus Gegnern, nicht aus Feinden. Die zunehmende Auflösung klassischer Konfliktlinien, vor allem zwischen links und rechts, haben identitäre Bewegungen zur Profilierung genutzt. Ihre Parteien und Wähler sind die Antipoden deliberativer Politik- und Demokratievorstellungen. Gegen ethnisch und religiös begründete Identitätsvorstellungen ist kein Argument gewachsen.

Die Vorstellung, dass Legitimität auf reiner Vernunft gegründet sein müsse, ist eine unvernünftige Vorstellung, die die deliberative Demokratie gefährdet.

Fakten, Fakes und Fiktionen

> Die Werbung sucht zu manipulieren, sie arbeitet unaufrichtig und setzt aber voraus, dass das vorausgesetzt wird (Niklas Luhmann).

Niklas Luhmann (1995) offenes Wort zum Glaubwürdigkeitsproblem der Werbung entlastet das Publikum und entschärft den Manipulationsverdacht. Die Menschen sollten inzwischen wissen, dass Papier geduldig ist und Red Bull keine Flügel verleiht. Nach einer Studie im Auftrag der Naumannstiftung haben auch Fake News bzw. Falschmeldungen in nichtwerblichen Veröffentlichungen wenig Einfluss auf Meinungsbildung. (Kranz 2017) Wer sich bei dem Zitat oben an dem Wort „manipulieren" stößt, übersieht die Tiefsinnigkeit der Paradoxie, auf die Luhmann aufmerksam macht. Dass nämlich die Werbung in einer Variante der Erlösergeschichte mit der Opferrolle die „Todsünde der Massenmedien auf sich [nimmt]", um die sonst der Unaufrichtigkeit bezichtigten übrigen Programme öffentlicher Kommunikation (Journalismus, Public Relations und Unterhaltung) zu exkulpieren. Ein Schelm, wer Böses dabei denkt, aber wenn die Werbung nicht mehr die Manipulation zugibt, kommt der Ausdruck „Lügenpresse" auf.

Jüngst traf ich jemanden, der sich als Verschwörungstheoretiker vorstellte. Auf welche Oxymora die Leute so kommen. Jedenfalls ist das Problem der Glaubwürdigkeitskrise des Journalismus, das sich aus Lügenpresse-Angriffen und Fake-News-Vorwürfen speist, im Rahmen dieses Kapitels nicht lösbar. So sind „Alternative Fakten" zum Unwort des Jahres 2017 gekürt worden.

Am eindrücklichsten hat sich wohl die moderne Kunst vom Anspruch einer wahren Darstellung der Wirklichkeit emanzipiert. Die Suche nach dem Sein, nach verborgenen Wirklichkeiten und Wahrheiten oder dem Authentischen endet spätestens mit der Kunst der Avantgarde. Magritte irritierte die realistische Darstellung einer Tabakpfeife mit dem Hinweis „Ceci n'est pas une pipe" („Dies ist keine Pfeife"), um zu verdeutlichen, dass selbst die realistischste Abbildung eines Objekts nicht das Objekt selbst sein kann.

Die durch Marcel Duchamp geprägte Verwendung von Alltagsgegenständen im Kunstbetrieb stellt dann den Wirklichkeitsbegriff noch radikaler infrage. Readymades sehen immer viel profaner und wirklicher aus als die Wirklichkeit selbst und landeten daher auf dem Müll oder werden wie im Fall von Joseph Beuys' Fettecke vom Reinigungspersonal beseitigt.

Es ist schon reichlich naiv anzunehmen, man bräuchte nur die Wahrheit zu sagen, um Fake-News durch Fakten zu ersetzen. Scheinbar verführt der vereinfachte Zeichengebrauch der Digitalisierung zum Denken in

ausschließlich zwei Optionen: 0 und 1. Entweder Elektro-
mobilität oder Verbrennungsmotor; entweder Freund oder
Feind; entweder Schwarz oder Weiß – *Tertium non datur.*

Das öffentlich-rechtliche Fernsehen macht es nicht
besser. Ein beliebtes Format ist der „Check": Markt-
und Markenchecks, die die leeren Versprechungen der
Konsumgüterwirtschaft   entlarven.   Irgendwann   vor
Ostern musste auch mal das Christentum dran glauben
an viel zu viel wissenschaftlich nicht exakt belegbarem
Fiktionspotential.

Zurück zum Problem des „Postfaktischen", dem man
nur begegnen kann, indem man die besseren Geschichten
erzählt. Nicht ohne Grund beschäftigen sich die Militärs
und Militärwissenschaftler längst mit Strategischen Narra-
tiven ihrer Gegner. Allerdings ist auch das Narrativ nicht
zuletzt durch unkundigen inflationären Gebrauch zum
Unwort verkommen.

Kommunikations-Strategie: Wirkungsplanung

Zu den Mysterien von strategischer Kommunikationsplanung gehört die Positionierung. Mysterium vor allem
deshalb, weil die Positionierung als *conditio sine qua non*
auf der Agenda der Organisationen ganz oben steht wie
ein Fels in der Brandung, an dem nichts und niemand zu
rütteln vermag.

Der Terminus stammt wie viele andere Bezeichnungen
im Management aus dem Militärischen. Ursprünglich galt

unangefochten, dass es die Position auf einem definierten und allgemein anerkannten Hauptkampfplatz ist, die über Sieg und Niederlage entscheidet. Gewonnen hatte der Kombattant, der den Hauptkampfplatz erfolgreich verteidigte. Zentraler Kampfplatz der auf das Management transformierten Positionierung ist das Positionierungskreuz in seinen Variationen oder immer öfter der Markenkern mit fundamentalistischem Gestus vorgetragen: Hier stehe ich und kann nicht anders. Ist die Entscheidung einmal gefallen, gibt es kein Zurück, so und nicht anders, Sieg oder Verderben.

Die Positionierung, gerne auch trotz aller Warnungen, dass das Adjektiv der Feind des Substantivs ist, als strategische Positionierung bezeichnet, suggeriert im Krieg wie im Management, dass eine Position die richtige und entscheidende ist. Und diese Position muss ausgewählt und besetzt werden. Der klassische Positionierungsansatz versucht Komplexität zu reduzieren. Ein Argument ist dann (kriegs-)entscheidend. Erstaunlich, dass die strategische Unternehmens-, Marketing- oder Kommunikationsplanung an der Metapher der Positionierung festhält.

Der Offizier Robert H. Scales (2004) beschreibt aus den Erfahrungen mit asymmetrischen Konflikten das Konzept des „Culture-centric Warfare". Dieser Ansatz relativiert die militärtechnologischen Möglichkeiten und betont stattdessen weiche Faktoren wie Motivation, Intention, Methode und Kultur waffentechnisch wie zahlenmäßig unterlegener Gegner.

Es besteht also aus strategischer Sicht vor allem Kommunikationsbedarf – genauer Narrationsbedarf. Dass nämlich die besseren Geschichten nicht selten ausschlaggebend sind für den militärischen Erfolg, wusste bereits zur Zeit der Kreuzzüge der Abt von Cluny, Petrus Venerabilis. Er ließ sich zu dem für damalige Verhältnisse kühnen Unternehmen der ersten Koranübersetzung ins Lateinische hinreißen. Fast 1000 Jahre später wird auch in den Think Tanks der Militärs längst über strategische Narrationen, „Strategic Narratives" (Freedman 2006) diskutiert, während man sich in den Chefetagen der Unternehmen, aber auch der Parteien, Verbände und Vereine am Markenkern festhält.

Ein hierzulande wenig verbreitetes Beispiel ist das aus dem alten China überlieferte Arsenal von Kunstgriffen des situativen listigen Handelns. Diese 36 Strategeme (Senger 2011) sind als Narration von Generation zu Generation überliefert worden. Genau genommen, und das ist die Herausforderung für die Strategische Kommunikationsplanung, sind sie aber keine strategischen Narrationen, sondern narrative Strategien. Strategie hin oder her – der Mensch ist als Homo Sapiens im Grunde ein Homo Narrans, der das, was er weiß oder zu wissen meint, aus Erzählungen bezieht.

Wirkung

> Ich weiß, die Hälfte meiner Werbung ist hinausgeworfenes Geld. Ich weiß nur nicht, welche Hälfte (Henry Ford).

Henry Fords Bonmot verweist auf den problematischen Zusammenhang von Kommunikation und Wirkung. Bei Wirkung unterstellen wir automatisch auch eine Ursache.

In der Wirkungsforschung wird der Zusammenhang in sogenannten Stimulus-Response-Ansätzen erklärt. Diese besitzen nach wie vor einen großen Einfluss auf die wissenschaftliche wie kommerzielle Wirkungsforschung sowie auf allgemeine (Laien-)Vorstellungen über Kommunikationswirkung, sind aber wissenschaftlich desavouiert. Stimulus-Response-Modelle (S-R-Modelle) reduzieren die Wirkweisen von Kommunikation auf Stimuli (Reize), die innere Triebe des Menschen ansprechen und Reaktionen (Response) auslösen sollen. Vater dieses Gedankens ist Gustave Le Bon mit seinem 1895 erschienenen Hauptwerk über die Psychologie der Massen.

Der Vielschichtigkeit von Kommunikation werden sie nicht gerecht. Insbesondere vernachlässigen S-R-Ansätze den situativen Rezeptionskontext sowie die individuelle Disposition des Rezipienten. Die Frage nach Wirkung und Interpretation wird darauf reduziert, welchen kommunikativen Stimuli der Rezipient ausgesetzt wurde. Mit anderen Worten: Wirksamkeit wird mit Aufmerksamkeit gleichgesetzt. Dahinter steckt nicht zuletzt ein kommerzielles Interesse der Massenmedien, die ihren Werbekunden Kontakthäufigkeit als Wirkungskriterium verkaufen.

Einen ähnlichen Hintergrund hat die 1898 als Leitlinie für Verkaufsgespräche von Elmo Lewis (1903) formulierte AIDA-Regel. Mit ihr wird eine Wirkung nicht als direkte Folge eines Reizes verstanden, sondern steht am Ende der hierarchisch organisierten Reaktionskette die bei Aufmerksamkeit beginnt und über Interesse zum Desiderat und schließlich zur Aktion, zur Entscheidung führt. Dahinter steht die Annahme, dass Kommunikation vor allem eine

Wirkung auf die Einstellung als Verhaltensprädisposition ausübt. Einstellung ist der Prädiktor, mit dessen Hilfe man zukünftiges Verhalten prognostizieren kann. Stufen- bzw. Stimulus-Organismus-Response-Modelle beziehen damit zwar den Rezipienten (Organismus) als vermittelnde Variable in den Wirkungsprozess mit ein, gelangen aber über ein lineares Wirkungsverständnis nicht hinaus, da sie bei ihrer Betrachtung lediglich die untersuchten Ausgangs-variablen vergrößern (Wissen, Einstellung etc.).

Die im Anschluss an das AIDA-Modell entwickelten Varianten folgen bei unterschiedlicher Differenzierung der Stufen und abweichenden Nomenklaturen einigen gemeinsamen Überlegungen. Sie gehen von einer hierarchisch abgestuften Reaktionskette von kognitiven (auf Aufmerksamkeit, Wahrnehmung oder Wissen bezogen) über affektive (auf Gefühle, Einstellungen oder Bewertungen bezogen) bis hin zu konativen (auf Absichten, Verhalten oder Handlungen bezogen) Reaktionen aus, die einen Lernprozess darstellen. Irritiert wurden die Vorstellungen vom AIDA-Wirkungsmodell unter anderem durch die faktische Realität, dass nicht selten eine Handlung am Anfang steht und die passende Einstellung dafür noch gefunden werden muss.

Komplexe Wirkungsmodelle

Komplexe Wirkungsmodelle erweitern Stufenmodelle um Ansätze aus der Informationsverarbeitungstheorie. Um Einflüsse von Persönlichkeitsmerkmalen und situativem Kontext auf den (Kauf-)Entscheidungsprozess zu berücksichtigen, integrieren sie zahlreiche Variablen, allerdings bei Weitem nicht alle Variablen, die einen möglichen Einfluss auf die gewünschte Wirkung ausüben können.

Relationale Ansätze beziehen neben Aspekten der persönlichen Disposition des Rezipienten den situativen Kontext in ihre Betrachtung mit ein. Das 1965 durch Krugman (2008) eingeführte Involvement-Konstrukt der Medienwirkungsforschung beschreibt den Grad der wahrgenommenen Bezugnahme eines Kommunikationsangebots auf die individuelle Situation (persönliche Disposition und situativer Rezeptionskontext) des Rezipienten. Hohes Involvement ergibt sich demnach durch eine Anschlussfähigkeit der Botschaft an die individuelle Biografie bzw. Persönlichkeit des Rezipienten; fehlende Bezüge zwischen Botschaftsinhalt und der individuellen Lebenssituation und -erfahrung des Rezipienten führen zu geringem Involvement. Das Involvement-Konstrukt liefert damit einen Erklärungsansatz für den Grad der Intensität und Differenziertheit der Informationsverarbeitung durch den Rezipienten. Hohes bzw. niedriges Involvement ist jedoch nicht mit verschiedenen Wirkungsstärken gleichzusetzen, sondern beschreibt lediglich verschiedene Wirkungsverläufe und unterscheidet sich damit von linear kausalen S-R-Ansätzen.

Das Elaboration-Likelihood-Model (ELM) von Petty et al. (1986) schließlich integriert verschiedene, teils gegensätzliche Forschungsansätze und macht den Gedanken verschiedener Verarbeitungsformen von Medienangeboten in einem allgemeinen Wirkungsmodell zugänglich, für das Involvement eine Option darstellt.

Das ELM differenziert zwischen einer zentralen Route der Informationsverarbeitung, die von einem hohen Grad der bewussten gedanklichen Auseinandersetzung gekennzeichnet ist, und einer peripheren Route, die sich durch eine oberflächliche Verarbeitung einer Botschaft auszeichnet. Welche Verarbeitungsroute im einzelnen Fall wirksam wird, hängt von individuellen Faktoren des Rezipienten ab. Nimmt er die

Mitteilung als persönlich relevant wahr, erfolgt die Verarbeitung über die zentrale Route; bei einer geringen ‚Betroffenheit' bzw. geringem Interesse, folgt die Verarbeitung der peripheren Route. Der Rezipient ist dabei stets bemüht, das Kommunikationsangebot mit bereits vorhandenem Wissen bzw. mit vorherigen Erfahrungen in Verbindung zu bringen.

Die Vorstellung von Kommunikationswirkung massenmedialer Kommunikation geht zurück auf Harold Dwight Lasswells (1948) berühmte Formel: „Wer sagt was auf welchem Kanal zu wem mit welcher Wirkung?". Auch für die Nestoren der Kommunikationswissenschaft, Shannon und Weaver (1949), steht die Nachrichtenübertragung und ihre mathematische Wahrscheinlichkeit im Mittelpunkt des Interesses. Im Grunde geht es auch der kommerziellen Medienwirkungsforschung mit ihren KPIs (Key Performance Indicator) vor allem darum, die Signalstärke möglichst ungestört zu erhalten, um beim Empfänger maximale Wirkung zu erzielen. Das Erbe der technisch-mathematischen Informationstheorie lastet schwer auf den Wirkungsvorstellungen, für die Subjektivität nur eine Störvariable ist, die ausgeblendet werden muss.

Die zahlreichen technischen Innovationen der letzten zwei Dekaden wie etwa die Verbreitung von Smartphones haben die Mediatisierung des Alltags mit permanent verfügbaren (digitalen) Kommunikationsangeboten zudem weiter verstärkt. Für die empirische Kommunikations- und Wirkungsforschung stellt dies insofern die aktuell größte Herausforderung dar, als die eingangs erwähnte Synthese der drei Selektionen Mitteilung, Information und Verstehen zunehmend kontingent erscheint, das heißt, auch anders möglich ist. Und nicht zu vergessen umfasst dies auch die berühmte Binse von Watzlawick – Nicht-Kommunikation – in Form von Reaktanz und Subversion.

Am intensivsten wird über Wirkung und Evidenz (und ihre Nebenwirkungen) in der Medizin geforscht. Vom ungarischen Medizinnobelpreisträger Albert Szent-Györgyi ist eine Anekdote überliefert, die einen ganz eigenen Wirkungsbegriff offenbart: Eine Gruppe Soldaten hat in den Alpen die Orientierung verloren. In ausweagloser Lage entdeckt dann jemand einen Teil einer Landkarte in seinem Rucksack. Die Gruppe orientiert sich an der Karte und findet den Weg zurück. Im Nachhinein stellt sich dann heraus, dass es sich um den Ausschnitt einer Karte der Pyrenäen gehandelt hat.

Der Organisationspsychologe Karl E. Weick hat die Geschichte einem berühmten Manager erzählt, der darauf erwiderte, dass die Geschichte erst richtig gut wäre, wenn die Person bereits gewusst hätte, dass die Landkarte nicht zu den Alpen gehört. Auf der Suche nach einer Antwort erinnere ich mich an meine Tochter, die mir auf dem Spielplatz eine Portion Sand als Eis anbietet, worauf ich mit Genießermiene so tue, als ob diese Sandkugeln der Gipfel des Eisgenusses wären. Nach einiger Zeit wird sie ungeduldig, möchte das Förmchen neu füllen. Sie gibt mir zu verstehen, dass ich den Inhalt ausleeren soll. Ich erwidere, dass ich dieses wunderbare Eis doch nicht einfach ausschütten könne, worauf sie mit einem Lächeln sagt: „Ist doch nur Sand." Lesson learned: Immer wenn wir Realität erzeugen, sind Fiktionen im Spiel.

Anschluss und Abschluss

Der Philosoph Hans Blumenberg (2007) beschreibt die Entstehung von Sprache im Zusammenhang mit der Entwicklungsgeschichte des Menschen. Unsere Vorfahren waren aufgrund ihrer Physis gezwungen, sich als Jäger und Nomaden die Dinge vom Leib zu halten. Analog zu Wurfgeschossen und Fallen, die ihnen Raum- und Zeitgewinn ermöglichten, überbrückt Sprache die Distanz zwischen dem, was ist und dem, was sein soll. „Der Begriff ist aus der *actio per distans*, aus dem Handeln auf räumliche und zeitliche Entfernung entstanden." Davon zeugen nicht zuletzt die ersten bildsprachlichen Äußerungen in den Höhlenmalereien der Steinzeit.

Distanz kennzeichnet die weitere zeichentheoretische Beschäftigung. Auf das Signifikat (Bezeichnete) wird in der strukturalistischen Linguistik und Semiotik durch ein Zeichen (Signifikant) verwiesen. Von den eigentlichen Gegenständen sind aber Signifikat und Signifikant zu unterschieden. Die Kunst der oben genannten Avantgardisten Magritte und Duchamp ist ein deutliches Beispiel für das Spiel mit Kunst und Wirklichkeit.

In Höhlen entstehen nach einem berühmten Gleichnis Platons auch trügerische Bilder. Für Ernst Cassirer (1944) ist das Manko, dass der Mensch sich überwiegend mittelbar eine Vorstellung von der Welt verschaffen muss, der Schlüssel zur Fähigkeit des symbolischen Denkens. Er stellt dem *Animal rationale* das Menschenbild des *Animal symbolicum* gegenüber. Dieses „lebt nicht mehr in einem bloß physikalischen, sondern in einem symbolischen Universum. Sprache, Mythos, Kunst und Religion sind Bestandteile dieses Universums. Sie sind die vielgestaltigen Fäden, aus denen das Symbolnetz, das Gespinst menschlicher Erfahrung gewebt ist".

Das damit korrespondierende Menschenbild des Homo interpretans muss diese Erfahrungen mit Bedeutung bzw. Sinn versehen und ist nicht selten – man verzeihe mir zum Zwecke der Verkürzung dieses Gedankens ein Filmzitat – *Lost in Translation*. Um sich von dieser Wirkungskrise der Kommunikation zu lösen, plädiert Hans Ulrich Gumbrecht (2004) für die „Produktion von Präsenz". Dafür gibt es Vorbilder und Beispiele, angefangen von der Lehre der Realpräsenz in der christlichen Theologie über mittelalterliche Auffassungen von Theater, bei der die Interpretation der Interpreten noch nicht zentrales Anliegen war bis zu Momenten der Präsenz in Sport- und Konzertveranstaltungen. Zusammengefasst ist die Produktion von Präsenz derzeit die bemerkenswerteste Perspektive für Kommunikation.

Wirkung: nicht ohne Risiko zu haben

Jürgen Schulz verspricht Ihnen sicher nicht zu viel: Er schreibt über die Wirkung von Kommunikation – und stellt sogleich in Frage, ob sein Versuch etwas erklären könne. Waren Sie geneigt, sein gekonntes Understatement hereinzufallen und sein Kapitel folgerichtig zu überblättern (was ließe sich da schon lernen!), so sind Ihnen wichtige Hinweise entgangen. Denn Jürgen Schulz ist durchaus ein Experte in der Frage, wie wir in unserer Kommunikation wirken können.

1. Lassen Sie sich nicht von möglichen Missverständnissen abschrecken! Die Wahrscheinlichkeit, dass exakt das Gemeinte beim anderen ankommt, ist ohnehin gering. Sie gewinnen an Wirkung durch den Austausch.
2. Verstärken Sie Ihre eigene Wirkung in der Konfrontation. Wer sich immer nur unter seinesgleichen Bestätigung sucht, lässt die eigenen Potenziale für Überzeugungskraft und Durchsetzungsfähigkeit verkümmern.
3. Die Wahrheit will gut erzählt sein, wenn Sie Eindruck hinterlassen soll: Es reicht nicht, eine Tatsache einfach nur zu bekunden – denn diese bekommt in der Wahrnehmung Konkurrenz von zahllosen „alternativen Fakten", die zunächst mal auch einfach nur überzeugend wirken.
4. Glauben Sie an Ihre Wirkung: Sie werden dann am überzeugendsten wirken (oder täuschen, wenn Sie so wollen), wenn Sie Ihre eigenen Zweifel überwunden haben.
5. Machen Sie Ihre Botschaft allgegenwärtig. Warten Sie nicht auf den perfekten Moment, sondern nutzen Sie all die alltäglichen Rede- und Antwortsituationen für Ihre Wirkung.

Literatur

Apel K-O (1973) Das Apriori der Kommunikationsgemeinschaft und die Grundlagen der Ethik: Zum Problem einer rationalen Begründung der Ethik im Zeitalter der Wissenschaft. In: Apel, K-O (Hrsg) Transformation der Philosophie, Bd 2. Suhrkamp, Frankfurt, S 358–435

Blumenberg H (2007) Theorie der Unbegrifflichkeit. Suhrkamp, Frankfurt, S 11

Cassirer E (1944) An essay on man. Yale University Press, New Haven, S 50

Freedman L (2006) The transformation of strategic affairs. Routledge, New York

Gumbrecht HU (2004) Diesseits der Hermeneutik: Die Produktion von Präsenz. Suhrkamp, Frankfurt

Habermas J (1981) Theorie des kommunikativen Handelns, Bd 1: Handlungsrationalität und gesellschaftliche Rationalisierung, Bd 2: Zur Kritik der funktionalistischen Vernunft. Suhrkamp, Frankfurt

Habermas J (1991) Erläuterungen zur Diskursethik. Suhrkamp, Frankfurt

Kranz J (2017) Wie gefährlich sind Fakenews? Falschmeldungen haben laut Studie wenig Einfluss auf Meinungsbildung https://www.freiheit.org/FakeNewsStudie. Zugegriffen 11. Febr. 2018

Krugman E (2008) Consumer behaviour and advertising involvement. Selected works of E. Krugman. Routledge, New York

Lasswell D (1948) The analysis of political behaviour. Paul, Trench, Trubner & Co., London

Lewis E (1903) Catch-line and argument. The Book-Keeper, Bd 15. Detroit

Luhmann N (1995) Soziologische Aufklärung 6: Die Soziologie und der Mensch. Westdeutscher Verlag, Opladen

Mouffe C (2000) The democratic paradox. Verso Books London, New York

Petty R et al (1986) The elaboration likelihood model of persuasion. In: Berkowitz E (Hrsg) Advances in experimental social psychology, 19. Academic Press, New York, S 123–205

Scales RH (2004) Cultur-centric warfare. Proceedings Magazine – October 2004 Vol 130/10/1. S 220. U.S. Naval Institute Annapolis

Senger H von (2011) 36 Strategeme: Lebens- und Überlebenslisten aus drei Jahrtausenden. Fischer Taschenbuch, Frankfurt

Shannon CE , Weaver W (1949) The mathematical theory of communication. University of Illinois Press, Urbana

Vaihinger H (1911) Die Philosophie des Als Ob: System der theoretischen, praktischen und religiösen Fiktionen der Menschheit auf Grund eines idealistischen Positivismus; mit einem Anhang über Kant und Nietzsche. Reuther & Reichard, Berlin

Glaubwürdigkeit

Jean-Paul Thommen

Inhaltsverzeichnis

Zusammenfassung Glaubwürdigkeit ist das zentrale Kriterium, damit die verschiedenen Anspruchsgruppen dem Unternehmen Vertrauen schenken. Doch was bedeutet Glaubwürdigkeit? Wie

---

J.-P. Thommen (✉)
Zürich, Schweiz
E-Mail: jean-paul.thommen@business.uzh.ch

© Springer Fachmedien Wiesbaden GmbH, ein Teil von
Springer Nature 2019
S. Wachtel und S. Etzel (Hrsg.), *Jeder kann wirken*,
https://doi.org/10.1007/978-3-658-20123-4_4

55

kann ein glaubwürdiges Handeln erreicht werden? Eine glaubwürdige Kommunikation nach innen und außen spielt dabei in den Unternehmen eine zentrale Rolle. Können wir uns davon etwas abschauen? Wenn wir lesen, welche Kommunikationsgrundsätze zu beachten sind, die zu einer glaubwürdigen Kommunikation im Unternehmen führen – dann liefert und dies auch Ansätze selbst zu Glaubwürdigkeit zu kommen. Schließlich sind nicht nur Unternehmen, sondern auch wir auf Wirkung bedacht.

> Der Mensch ist ein nachahmendes Geschöpf, und wer der vorderste ist, führt die Herde (Friedrich von Schiller, Wallenstein).

Jedes Unternehmen ist auf seine öffentliche Wirkung bedacht. Wir sollen die Botschaft glauben, wir sollen das Image des Hauses als Abbild der Wirklichkeit erkennen. Glaubwürdigkeit ist damit nicht mehr nur eine uralte Tugend, sondern auch ein professionelles Bewertungskriterium. Wer aber ist würdig, dass man ihm glaubt? Welche Variablen gilt es zu beeinflussen – Vielleicht auch: welche nicht? Was macht glaubwürdige Wirkung aus? (Abb. 1)

Langfristiges unternehmerisches Denken und Handeln war immer schon ganzheitlich. Die Ansprüche, Interessen und Erwartungen verschiedener Personen, Personengruppen oder auch Institutionen, die einen Bezug zum Unternehmen haben, müssen berücksichtigt werden. Welche dieser Stakeholder muss man berücksichtigen? Auf welche Ansprüche müssen Unternehmen eingehen (Thommen 2016)? Die folgenden Antworten führen zu einer Bestimmung von Glaubwürdigkeit.

Abb. 1   Glaubwürdig – oder nicht?

Man glaubt demjenigen Unternehmen, das für alle Ressourcengeber eine Wertschöpfung erbringt.

Unternehmen brauchen eine Vielzahl von Ressourcen, sprich Produktionsfaktoren. Dafür wird in der Regel eine Entschädigung oder ein Gegennutzen erwartet. Problemlos ist dabei die Entschädigung der klassischen Produktionsfaktoren Kapital, Arbeitsleistung, maschinelle Anlagen oder Material, die von einzelnen Gruppen (Kapitalgebern, Mitarbeitenden, Lieferanten usw.) zur Verfügung gestellt werden. Problematisch dagegen wird es bei jenen Gütern, die nicht einzelnen Gruppen, sondern der Gesellschaft als Ganzer gehören: Wasser, Luft,

Bodenschätze oder Pflanzen. Diese kollektiven Güter wurden einst als freie Güter bezeichnet, weil sie in praktisch beliebiger Menge zur Verfügung standen und deshalb auch keinen Preis und Markt hatten. Sie werden immer mehr zu knappen Gütern, über die nicht mehr frei verfügt werden kann. Denn der Einsatz dieser Güter bedeutet nicht nur einen Gebrauch, sondern führt häufig zu einem Verbrauch, zu endgültigem Untergang und Zerstörung. Daraus lässt sich für die Gesellschaft als „Eigentümerin" dieser Güter das Recht ableiten, über deren Verwendung mitbestimmen zu dürfen.

Doch wer darf diese kollektiven Güter benutzen, und unter welchen Bedingungen werden sie von der Gesellschaft zur Verfügung gestellt? Eine Analogie zum Produktionsfaktor Kapital mag zur Klärung dieser Frage hilfreich sein: Unter welchen Bedingungen vergibt ein Kreditgeber einen Kredit? Dies ist wohl dann der Fall, wenn der Kreditgeber davon überzeugt ist, dass der Kreditnehmer das Geld gewinnbringend einsetzen wird, sodass er nicht nur sein Geld, sondern darüber hinaus auch eine angemessene Verzinsung erhalten wird. Er muss deshalb abklären, ob der Kreditnehmer die dazu notwendigen fachlichen Fähigkeiten und persönlichen Eigenschaften besitzt – oder mit anderen Worten: ob er sich als kreditwürdig erweist.

Überträgt man diesen Gedanken auf kollektive Güter wie zum Beispiel Luft oder Wasser, so wird die Benutzung der Produktionsfaktoren nur dann gewährt, wenn sie auch sinnvoll eingesetzt werden – das heißt, wenn die Gesellschaft als Ganzes einen Nutzen hat. Solche kollektiven Güter werden deshalb nur solchen Unternehmen gegeben, die durch die Befriedigung gesellschaftlicher Ansprüche einen Nutzen garantieren und somit Vertrauen verdienen. In diesem Sinne müssen diese Unternehmen ebenfalls „kreditwürdig" sein, wobei der Kredit nicht in Form von Geld, sondern in Form von Luft, Wasser, Rohstoffen usw. gegeben wird. Kreditwürdigkeit ist dann Glaubwürdigkeit. Man glaubt dem Unternehmen, dass es der überlassenen Produktionsfaktoren würdig ist, weil es diese aufgrund seiner gesellschaftsorientierten und umweltbewussten Denkhaltung und seiner fachlichen Fähigkeiten sinnvoll einsetzen wird:

Glaubwürdig sein heißt deshalb nichts anderes, als dass man ein Unternehmen für würdig hält, Funktionen und Aufgaben in der Gesellschaft zu übernehmen. Man schenkt ihm Vertrauen in Bezug auf das, was es sagt und tut.

Damit schafft das Unternehmen für die Gesellschaft einen effektiven Wert, wie dies mit dem Wort „wirtschaften" im Sinne von „Wert schaffen" gemeint war. Wird die Glaubwürdigkeit zum obersten Leitmotiv unternehmerischen Denkens und Handelns erhoben, braucht es eine Glaubwürdigkeitsstrategie, um seine Glaubwürdigkeit dauernd unter Beweis zu stellen und seinen festen Willen zu manifestieren. Denn Glaubwürdigkeit muss in einem fortwährenden Prozess erworben werden, sie kann nicht mit einem einzigen Akt erkauft werden. Glaubwürdigkeit ist nicht ein Instrument, das ein Unternehmen dann einsetzen kann, wenn es aufgrund bestimmter belastender Ereignisse oder Anschuldigungen einem öffentlichen Druck ausgesetzt ist. Vielmehr geht es darum, einen Weg aufzuzeigen, wie ein Unternehmen mit seiner Umwelt umgehen kann, damit solche Konfrontationen gar nicht erst entstehen können.

Die Glaubwürdigkeitsstrategie setzt sich aus drei Aspekten zusammen: dem verantwortlichen, dem kommunikativen und dem innovativen Handeln.

Wie aus Abb. 2 ersichtlich, hängen diese drei Elemente eng miteinander zusammen und führen nur im gegenseitigen Wechselspiel zum angestrebten Ziel, d. h. zu Glaubwürdigkeit und Vertrauen. Diese Elemente und ihre Beziehungen sollen nachstehend behandelt werden.

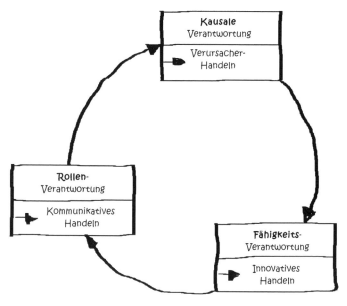

Abb. 2 Die unternehmerische Glaubwürdigkeitsstrategie. (Thommen 2015a)

Verantwortung nimmt wahr, wer antwortet!

Verantwortung zu übernehmen bedeutet vom Wort her nichts anderes als zu antworten, *Rede und Antwort zu stehen,* und die Konsequenzen zu tragen — sei es, um beispielsweise einen zukünftigen Schaden zu verhindern oder um einen Schaden so gut wie möglich zu beheben. Verantwortung zu tragen heißt somit folgerichtig, im zweiten Schritt auf Fragen einzugehen, die von den Ressourcengebern bzw. den Anspruchsgruppen gestellt werden. Verantwortung hat man dann wahrgenommen, wenn man sich durch eine für den Fragesteller befriedigende Antwort aus der „Fraglichkeit" befreit hat, in die man durch die Frage gestellt worden ist (Huppenbauer 2017).

Damit können drei Aspekte der unternehmerischen Verantwortung unterschieden werden:

Kausale Verantwortung	Gemäß diesem Aspekt ist ein Unternehmen für jene Probleme verantwortlich, die es selber verursacht hat. Falls es zum Beispiel ein Gewässer verschmutzt hat, ist es dafür und damit für die sich daraus ergebenden Konsequenzen verantwortlich – z. B. Reinigung, Schadenersatzzahlungen für Fischer.

| Rollenverantwortung | Mit den Ressourcen hat das Unternehmen von der Gesellschaft auch Pflichten und Aufgaben übernommen, die über die Austauschbeziehungen des Marktes hinausgehen. Die damit verbundene Rolle muss das Unternehmen verantwortlich gestalten, um glaubwürdig zu sein: „corporate citizenship", ein guter Bürger sein, Rechenschaft gegenüber der Gesellschaft ablegen. |
| Fähigkeitsverantwortung | in Unternehmen ist schließlich auch verantwortlich für seine Lösungskompetenz; es muss Verantwortung für seine Fähigkeiten übernehmen, zukünftige Probleme zu lösen |

Ohne Kommunikation keine Glaubwürdigkeit!

Will eine Unternehmung ihre Verantwortung wahrnehmen, ist sie gezwungen, immer wieder in Erfahrung zu bringen, welchen „Preis" sie für die erhaltenen Ressourcen bezahlen muss. Oder welche Ansprüche sie als Gegenleistung für die zur Verfügung gestellten öffentlichen Güter befriedigen muss. Das begründet das zweite

Element der Glaubwürdigkeitsstrategie: das kommunikative Handeln. Glaubwürdige Kommunikation heißt Teilnehmen-Lassen und Anteilnahme zur Berücksichtigung und Abstimmung der gemeinsamen langfristigen Interessen. Kommunikatives Handeln bedeutet deshalb, dass sich die verschiedenen Interessengruppen als echte Partner in einer wechselseitigen Beziehung verstehen. Darüber hinaus müssen aber einige wichtige Prinzipien der Unternehmenskommunikation beachtet werden.

Prinzip der verhaltensorientierten Kommunikation	Kommunikation beginnt mit demjenigen, der kommunizieren will. Dieser legt mit seinem Verhalten den Grundstein für die Glaubwürdigkeit. Denn dieses allein ist letztlich sichtbar und überprüfbar. Informationen wirken glaubwürdig, wenn das dahintersteckende Verhalten glaubwürdig ist: Übereinstimmung von Wort und Tat.
Prinzip der mitwirkungsorientierten Kommunikation	Richtig informieren kann man nur, wenn man weiß, welche Informationen gefragt und gewünscht sind. Deshalb ist ein Dialog erforderlich, der es ermöglicht, auf die Fragen einzugehen, die auch tatsächlich

interessieren. Sonst läuft man Gefahr, Fragen zu beantworten, die gar nicht gestellt worden sind. Unklarheiten können durch Rückfragen ausgeräumt werden.

Prinzip der vollständigen Kommunikation	Glaubwürdigkeit wird nur mit vollständiger Information erreicht. Ein Unternehmen wirkt nicht glaubwürdig, wenn es nur Positives verkündet, das Negative aber zu verheimlichen oder zumindest nicht zu erwähnen versucht.
Prinzip der vorurteilslosen Kommunikation	Vorurteile bedeuten eine Vorverurteilung. Dabei wird dem Gegenüber unterstellt, dass es inkompetent, nicht wissend, ja sogar arglistig ist. Solche Unterstellungen werden meistens nicht explizit angesprochen, schwingen aber in der eigenen Argumentation mit und kommen vor allem in der eingenommenen Haltung zum Ausdruck. Damit kann keine echte Kommunikation zustande kommen.

Prinzip der ergebnisoffenen Kommunikation

Versucht man, die einzelnen Mitglieder und Gruppen einer Gesellschaft als echte Partner zu begreifen, dann muss man ihnen auch eine eigene Meinung zugestehen, die unter Umständen auch von der Meinung und den Wertvorstellungen des Unternehmens abweichen kann. Ziel der Kommunikation kann es nicht nur sein, dass der andere mein Handeln akzeptiert. Dies würde bereits implizieren, dass ich mein Handeln als einzig richtig betrachten würde, das ich deshalb auch nicht zu ändern brauche. Wie aber die Erfahrung zeigt, und teils wissenschaftlich belegt, gibt es keine objektive Wirklichkeit, sondern nur eine subjektive. Deshalb gilt es, die eigene Wahrnehmung durch Konfrontation mit der Wahrnehmung anderer immer zu hinterfragen (Thommen 2015b).

Glaubwürdigkeit bedarf originären unternehmerischen Handelns

Glaubwürdiges und unternehmerisches Handeln gehören zusammen; sie bedingen einander. Unternehmerisches Handeln bedeutet auch, innovativ zu sein. Denn es gilt, sowohl für bestehende Probleme bessere Lösungen als auch für neu auftretende Probleme gute Lösungen zu finden, die von den verschiedenen Anspruchsgruppen akzeptiert werden. Innovatives und kreatives Handeln ist somit Voraussetzung für ein glaubwürdiges Handeln: Fähigkeitsverantwortung.

Innovationen müssen nicht unbedingt aus gesamtwirtschaftlicher Perspektive neu sein. Sie können auch aus der Sicht eines einzelnen Unternehmens oder einer einzelnen Branche neu sein: Innovatives Handeln kann Produkt-, Verfahrens- und Sozialinnovationen sein.

Mit dem innovativen Handeln ist der Kreislauf der unternehmerischen Verantwortung geschlossen – siehe Abb. 3. Sich ihm zu entziehen, bedeutet ein großes unternehmerisches Risiko. Sich in diesen Kreislauf zu begeben eröffnet unternehmerische Chancen, die auftretende Spitzenmanager nutzen können.

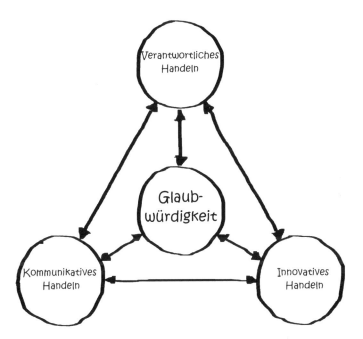

Abb. 3 Der Kreislauf der unternehmerischen Verantwortung. (Thommen 2015a)

Über das hohe Ziel, gesellschaftlich zu wirken

Jean Paul Thommen schaut nicht in erster Linie auf die Wirkung des Einzelnen. Das ist nicht der Fokus seines Beitrags, sondern was ein Unternehmen in Strategie und Kommunikation glaubwürdig macht, wie es Glaubwürdigkeit erlangt in den Augen der Öffentlichkeit. Und doch steht am Ende die Frage: Wie wirkt es, dieses Ganze? Für dieses Buch wirft er einen ethisch geprägten Blick auf das Thema. Wir alle beeinflussen ein komplexes Gefüge an Macht und Besitz, um am Ende eine Gesamtwirkung zu erreichen. Wann ist diese Wirkung glaubwürdig?

1. Sie können es nicht allen recht machen. Aber diejenigen, die Sie mit Ihrer Wirkung überzeugen wollen, sollten deutlich erkennen, welchen Vorteil Sie ihnen bieten.
2. Machen Sie sich klar, dass es nicht immer nur „um die Sache" geht. Wer Ihnen glaubt, wer Ihnen Vertrauen schenkt, weil Sie überzeugen, wird Ihnen weit folgen: Es geht um Ihr Image.
3. Zeigen Sie stets, wodurch sich Ihre Wirkung legitimiert: Ihre Rolle in der Gesellschaft, Verantwortung für eine Aufgabe, oder einfach nur Ihre Kompetenz– weisen Sie Ihre Autorität aus.
4. Nichts erklärt sich einfach von selbst. Erwarten Sie nicht, dass andere „es schon merken". Erklären Sie sich, stellen Sie sich den Fragen, räumen Sie Zweifel aus dem Weg.
5. Ecken Sie ruhig an, stellen Sie infrage, gehen Sie neue Wege. Wo noch keiner gegangen ist, können Sie die tiefsten Spuren hinterlassen.

Literatur

Huppenbauer M (2017) Leadership und Verantwortung. Grundlagen ethischer Unternehmensführung. Versus, Zürich

Thommen J-P (2015a) Glaubwürdigkeit im Stakeholder-Management. Versus, Zürich

Thommen J-P (2015b) Spurenwechsel: Das Reflexions- und Notizbuch für erfolgreiches Denken und Handeln. Versus, Zürich

Thommen J-P (2016) Betriebswirtschaft und Management. Eine managementorientierte Betriebswirtschaftslehre. Versus, Zürich

Schönheit liegt im Auge des Betrachters – oder: Was ist Werbung? Was ist Kunst?

Carsten Sander

Inhaltsverzeichnis

C. Sander (✉)
Berlin, Deutschland
E-Mail: studio@carstensander.com

© Springer Fachmedien Wiesbaden GmbH, ein Teil von
Springer Nature 2019
S. Wachtel und S. Etzel (Hrsg.), *Jeder kann wirken,*
https://doi.org/10.1007/978-3-658-20123-4_5

Zusammenfassung Wer wirkt wann für wen schön? Für sich selbst, für andere – schön oder doch eher interessant oder charmant? Es liegt im Auge des Betrachters. Bei einer Studie wurden Frauen und Männer gefragt, was sie an sich ändern würden, wenn sie es könnten. Die Antworten waren kleinere Nasen, angelegtere Ohren, größerer Mund, längere Beine, mehr Haare usw. Dann wurden Kinder gefragt. Sie hätten gerne riesige Schwimmflossen, Flügel, fünf Meter lange Gummibeine usw. Sie nehmen sich, wie sie sind und denken weiter, sind nicht verhaftet in ihrem Selbst. Schönheit ist eine ästhetische Empfindung, die wohl auch dem Wertewandel unterliegt.

> Art enables us to find ourselves and lose ourselves at the same time (Thomas Merton, No Man Is an Island).

In der Werbung werden Bilder inszeniert, damit wir etwas kaufen, sei es einen Mantel, ein Auto oder eine Versicherung. Werbung bringt uns dazu Tiefkühlpizza zu essen, eine Reise nach Antalia zu buchen oder das Fitness-Studio zu wechseln. Aber was macht denn eigentlich Kunst anders? Inszeniert Kunst nicht ebenso und will etwas in uns bewirken? (Abb. 5.1).

Werbung ist gebunden. Kunst ist frei

Freiheit ist ein großes Wort. Genauso hochtrabend möchte ich aber das Ideal der Kunst auch anlegen. Wobei wir das gar nicht als Appell ausdrücken müssen. Denn wenn eine Inszenierung nicht frei ist – frei von den monetären Bedürfnissen des Produzenten, von etwaigen Erwartungen

Abb. 5.1 Kunst wirkt immer – schön?

eines Betrachters oder sonstiger Anspruchsteller – dann handelt es sich eben nicht um Kunst. Künstler, die sich einem „Anspruchsdenken" beugen – von wem auch immer die Erwartungshaltung formuliert wird –, produzieren keine Kunst, sondern Gebrauchsgüter. So einfach ist das. Zugleich ist es aber auch so schwierig. Denn wie unterscheidet sich freie Inszenierung von gebundener?

Werbung weckt Wünsche, Kunst erzeugt Zweifel. Kunst verwirrt und stellt unsere Wahrnehmung infrage, mit und ohne Absicht. Dabei ist die Wirkung von Kunst immer auch ein Produkt der Zeit, in der sie entsteht. Man denke an die zahllosen geistlosen Stillleben, Landschaften und Marktszenen, die in den Wohnzimmern der Kriegsgeneration die Wände schmückte: Wandschmuck eben, aber keine Kunst. Solche Bilder wirken nicht auf uns, sie hinterlassen lediglich Ränder auf der verblassten Blumentapete, wenn sie abgehängt werden. Ein Zeitsprung: Der bekannte schwedische Möbelkonzern verkauft großformatige Bilder in allen Formaten und Farben: Farblich passend zur Couch dekorieren sie die erste gemeinsame Wohnung. Auch dies: Dekoration, nicht aber Kunst. Kunst liefert Gesprächsstoff, weil sie eben mehr ist als ein ästhetisches Element. Damit Kunst ihre Wirkung entfalten kann, müssen wir sie uns erklären.

Schauen wir aus unserer heutigen Perspektive auf die Bilder der Alten Meister, so sehen wir immer auch die Fragen der damaligen Zeit. Als Michelangelo die Decke der Sixtinischen Kapelle bemalte, verstörte er seinen päpstlichen Auftraggeber durch die Nacktheit der Figuren. Diese wurde sorgfältig retuschiert, teilweise so gründlich, dass sich das Original nicht wiederherstellen lässt. Damals ein Skandal, heute eines der berühmtesten Kunstwerke der Welt.

Wertigkeit ist nicht im Sinne des Erfinders

Es gibt keine schlechte Kunst. Nicht jeder hat das Talent, Kunst zu schaffen. Es ist aber nicht die Technik – oder zumindest nicht allein die Technik – die das Kunstwerk ausmacht. Es geht immer um die Wirkung, um die Inspiration. Der sogenannte Meisterfälscher Wolfgang Beltracchi beherrscht die Technik des Malens zur Perfektion; jedoch: Seiner Arbeit liegt nicht ein einziger origineller Gedanke zugrunde. Seine Werke imitieren Kunst, sie sind aber keine Kunst. Er hat mit seinem Werk ja auch niemals eine künstlerische Wirkabsicht verfolgt, sondern die der materiellen Bereicherung (Beltracchi und Beltracchi 2014).

Die Parks und Plätze totalitärer Regime sind voller buchstäblich uninspirierter Heldenstatuen; mitunter geschaffen von Künstlern, auch namhaften. Dennoch sollte man sie nicht als Kunst betrachten. Sie mögen sogar wirken: einschüchternd, beeindruckend, respekteinflößend – dahinter aber steht eine politische Absicht und eben keine künstlerische. Wer Kunst schaffen will, muss sich „die Freiheit nehmen". Damit ist noch gar nichts darüber gesagt, wie sich Kunst zu der Gesellschaft verhält, in der sie entsteht. Es gilt in der Demokratie in dieser Hinsicht nichts anderes als im totalitären Regime: Man muss immer für seine künstlerische Freiheit „kämpfen", sei es aus wirtschaftlichen Gründen oder aus politischen. Nicht für jeden ist die augenscheinliche Freiheit, alles zu tun oder alles zu lassen, der beste Nährboden für Kreativität. Manch einer braucht eben die Reibung oder die Konfrontation, um Wirkung zu erzeugen; ein anderer braucht das Wohlbehagen.

Mode ist keine Kunst

Es gibt, soviel sei an dieser Stelle zugegeben, großartige Modedesigner. Vivienne Westwood oder Jean Paul Gaultier haben zweifellos das Potenzial zu verstören. Mode wirkt; sie ist aber keine Kunst. Denn sie entfaltet ihre Wirkung aus einem Kontrast zwischen dem Tragbaren,

zwischen unserer Erwartungshaltung an ein Kleidungsstück und dem Abweichenden. Kunst ist ein Geistesblitz,
den der Künstler abfeuert. Beim Betrachter erzeugt er
damit einen Flow, die Kunst macht etwas mit uns, sie trägt
den Prozess des Schaffens quasi in ihrer Wirkung auf uns
weiter.

Verfolgt man die Entwicklung von Mode, so erscheint
sie uns ein Spiegel der Gesellschaft. Schaut man hingegen
auf die Kunst, so scheint sie doch immer mit dem Geist
ihrer Zeit zu brechen, oder ihrer Zeit zumindest voraus zu
sein. Vielleicht können wir uns vieles mit den Defiziten
einer Epoche erklären, mit dem Mangel, der von den
Künstlern empfunden wird und ihre Kreativität freisetzt.
Es ist doch oft die dunkle Seite der Seele, die die größten Kunstwerke hervorbringt; denken wir nur an Robert
Schumann, Hermann Hesse oder Vincent van Gogh.
Ob die These Hermann Hesses, dass ein Künstler wahn-
sinnig sein muss, zutrifft, sei dahingestellt. Fraglos muss
aber Kunst, um wirken zu können, in irgendeiner Art und
Weise den Ablauf stören. Unsere Sehgewohnheiten sind
dermaßen abgestumpft, dass es fast schon eines Schocks
bedarf, um zu uns durchzudringen. Wie aber schockieren,
wo wir doch mit visuellen Eindrücken von allen Seiten
bombardiert werden?

Mit meiner Fotoserie „HEIMAT. Deutschland – Deine
Gesichter" (Sander 2018) habe ich mich auf die Suche nach
einer Definition von Heimat in Deutschland gemacht.
Was an den Fotos schockiert, ist eine radikale Reduktion.
Die Bilder schreien dem Betrachter eben gerade nicht
ins Gesicht, sondern sie durchbrechen die Trägheit des
Auges durch Ruhe und Gelassenheit. Wir glauben, in den

Gesichtern den Charakter der Personen, ihren innersten Kern zu erkennen: Wir sehen Menschen, die ihre Heimat in sich selbst gefunden haben.

Werbung wirkt profan

Werbung hat es um ein Vielfaches leichter als Kunst. Sie isoliert einen einzelnen Aspekt unserer Persönlichkeit, einen Bedarf oder auch nur ein Bedürfnis und erklärt uns zugleich dogmatisch, auf welche Dinge wir nicht mehr verzichten können. Die Wirkung der Werbung ist profan und klar, das machte die Sache leichter. Werbung soll uns Sicherheit bei der Entscheidung geben und im besten Fall einen Artikel zum Kultstatus befördern. Dabei leiht sie sich Elemente aus der Kunst; Werbung kann sich der Kunst bedienen, sie kann aber keine Kunst sein.

Kunst ist in der Wahl ihrer Mittel frei: Sie kann sich auch umgekehrt der Werbung bedienen – für das beworbene Produkt ein Ritterschlag. Andy Warhol hat die Campbell Soup Can in den Olymp der Kunst erhoben. Seine Reproduktion moderner Gegenstände war ein krasser Bruch mit den Konventionen der Expressionisten seiner Zeit. Das vervielfältigte Produkt mag zufällig ausgewählt sein; im Ergebnis ist es das Kultprodukt einer Ikone geworden: Der Name des Künstlers ist in diesem Fall das Vergrößerungsglas auf der Marke.

Gefährlich wird es, wenn Kunst durch die Bekanntheit des Künstlers „Kult" wird. Dann wirkt eben nicht mehr das Werk selbst, sondern der Künstler wirft seinen Schatten und beeinflusst die Wirkung. Wir merken das überall dort, wo Kunst zum Geschäft wird. Kunstsammler sind gar nicht so selten einfach Menschen mit viel Geld – aber wenig künstlerischem Sachverstand. Galeristen wiederum umwerben Sammler, sie sind auf sie angewiesen, wir alle müssen unsere Rechnungen bezahlen. Der Kunstmarkt ist ein Geflecht innerhalb der Kunstwelt, in dem Dinge emporgehoben oder verteufelt werden – hier werden Ikonen geschaffen und zerstört.

Kunst sprengt Grenzen

Kunst kann Grenzen sprengen, bzw. erweitern – gedankliche und geografische. Die Verwirrung, der Zweifel ist der erste Schritt in der Wirkung von Kunst, der zweite Schritt ist die Erweiterung der Gedankenwelt. Verwirrung und Verzweiflung sind dabei Parameter der Not. Aus der entsteht der Impuls, neue Wege zu gehen. Es ist vielleicht keine Regel, dass Kunst aus der Tiefe emporkriechen muss. Sicher aber kann man sagen, dass sie immer dem Impuls entspringt, der Welt etwas beizufügen. Kunst entsteht, wenn die Ausdrucksmittel des Alltags nicht reichen. Kunst erreicht uns durch Wirkung aus sich selbst heraus; so viel anders als die hinterlistige Werbung, die einfach nur verkaufen will.

Die größte Wirkung und somit größte Verkaufschance von Kunst liegt sicherlich in der Emotionalisierung durch die Konfrontation mit dem Werk und dem Künstler. Dies kann durch eine Kindheitserinnerung, einen Traum, einen

Wunsch oder Ähnliches ausgelöst und gefördert werden – aber auch durch die Neugierde auf Fremdartiges oder Verstörendes.

Größere, gesellschaftliche oder politische Projekte können Einzelpersonen, aber auch Gruppen oder ein ganzes Land ansprechen und zu neuen Ufern führen. Kunst wird als Alibi benutzt; wenn es Kunst ist, muss es wahr sein. Viele Künstler wollen sich nicht auf diese Weise instrumentalisieren lassen. Es mag sich bequem anfühlen, zur Ikone gemacht zu werden. Gleichzeitig ist damit der künstlerische Ausdruck nicht erfasst. Im Ergebnis werden die in der Rezeption derart auf Randständiges reduzierten Künstler von der Außenwelt als überheblich wahrgenommen. Nichts davon jedoch wird ihnen gerecht. Kunst kann eben einfach nur funktionieren, wenn sie Selbstzweck ist.

Die Kür: sich dem Bombast entziehen

Werden wir fotografiert, richten wir uns normalerweise eher nach dem Hintergrund als nach dem Fotografen. Auf einer Party werde ich lachen, auf einer Gala interessant lächeln und auf einer Pressekonferenz ernsthaft schauen. Nach etwa 2000 HEIMAT-Portraitierten darf ich sagen, dass ich ein Gefühl für den Moment der Wahrhaftigkeit entwickelt habe und sobald ich diesen gespürt und fotografiert habe, das Shooting beende. Die abgelichteten

Menschen waren am Ende alle bei sich selbst, sofern man dies in unseren westlichen Gefilden überhaupt sein kann.

Bevor ich mit den Portraits begann, stellte ich mir die Frage: „Was ist das neutralste Portrait der Welt?" Es musste ein grauer Mal-Canvas sein, welcher keinerlei Emotionen bei den Menschen auslöst und von ihnen selber ausgefüllt wird. Ein symmetrisches Licht, nicht zu hart, nicht zu weich. Der Körper ebenfalls symmetrisch und aufrecht. Der Platz auf dem Barhocker stellt einen Ort zwischen stehen und sitzen dar. Man erkennt, dass es immer um die Mitte geht!

Schließlich rede ich unermüdlich, hypnotisch auf die Person ein, um sie nicht nur körperlich nicht entweichen zu lassen, sondern auch geistig. Diese Parameter verhindern die Flucht in die eingespielte Komfort-Zone und führen zu einer entspannten Anspannung.

Die Portraits meiner „Heimat"-Serie wirken extrem reduziert. Dennoch – oder gerade deshalb – empfindet der Betrachter die Menschen als schön. Für mich ist das, auf ideale Weise, inszenierte Authentizität. Fast möchte man aus den Bildern den optimistischen Schluss ziehen, dass wir, auf unseren Kern reduziert, alle schön sind. Wer ist aber wann und für wen schön? Für sich selbst, für andere, schön oder doch eher interessant oder charmant? Es liegt halt im Auge des Betrachters. Es gibt zwar, zumindest innerhalb einer Gemeinschaft oder Gesellschaft, ein weitestgehend anerkanntes Ideal im Sinne von „das ist ein schöner Mensch". Für viele scheinen die Portraits aber etwas zu zeigen, dass für das Auge normalerweise nicht sichtbar ist.

Schönheit ist eine ästhetische Empfindung, die wohl auch dem Wertewandel unterliegt. Wer Menschen fotografiert, ist immer auch mit deren Eitelkeit konfrontiert. Möchte nicht schließlich jeder auf einem Foto so gut aussehen wie möglich? Diese Hürde zu überwinden ist Aufgabe des Künstlers. Wer ein geschliffenes Bewerbungsfoto braucht oder ein Portrait für die Corporate Website, geht natürlich nicht zum Künstler. Allen, die sich für die Heimat-Portraits auf den Hocker gesetzt haben, war letztlich klar, dass „nur" ihre Identität gesucht und dargestellt wurde. Das Foto zeigt in der Kunst niemals nur die äußere Erscheinung. Es hat eine Wirkung weit darüber hinaus. Meist ist eine Erläuterung der Kunst oder des Künstlers nötig, um sich ihr auf sinnvolle Art nähern zu können, was das Gebilde Kunst für die meisten, besonders die Ungeduldigen, zu einem Mysterium werden lässt – keine Erkenntnis, kein AHA-Effekt.

Die Frage nach dem Weg von der Inszenierung zur Wirkung stellt sich für die meisten Künstler gar nicht. Aus einer Berechnung heraus könnten sich auch nur wenig kraftvolle Werke entwickeln. Man könnte die Inszenierung von Kunst vielleicht als Zyklus beschreiben: Er wird durch eine Ur-Leidenschaft, Problematik oder Erfahrung ausgelöst, dann über Zeitraum X untersucht, bearbeitet und aufgelöst und wirkt durch die Präsentation auf Betrachter mit ähnlichen Erfahrungen. Richtig gut wird Kunst, wenn die Auseinandersetzung über das Ich hinausgeht. Künstler werden so zu Wegweisern des Lebens.

Die schöne Wirkung im Auge des Betrachters

Man sollte meinen, als Fotograf sei Carsten Sander gewissermaßen der Schönheit verpflichtet. Aber das ist nicht der Fall. Er hat sich bewusst für die Wirkung jenseits einer oberflächlichen Ästhetik entschieden. Seine Kunstwerke sollen eine Wirkung aus einer tieferen Schicht offenlegen. Dass wir darin dennoch Schönes sehen, ist eine große Hommage an das Wesen des Menschen an sich: Wir wirken gerade dann schön, wenn wir nicht das offensichtlich Schöne zur Schau stellen.

1. Überraschen Sie mit dem Unerwarteten. Sie müssen nicht um die Gunst Ihres „Publikums" werben – damit machen Sie sich zum Objekt. Stattdessen dürfen Sie Rätsel aufgeben, wie es ein Kunstwerk tut.
2. Vergessen Sie nicht, dass Freiheit nicht nur die Abwesenheit von Zwang ist. Sie haben jeden Tag unzählige Möglichkeiten etwas zu tun oder zu lassen. Nutzen Sie sie.
3. Schauen Sie auf der Suche nach Schönheit nicht auf das Äußere. Finden Sie Ihre ganz eigene Schönheit – das, was sie einzigartig macht – beim Blick in die Tiefe Ihrer Seele.
4. Achten Sie bei allem darauf, dass Sie sich nicht von der schieren Eitelkeit verlocken lassen. Wenn Exzentrik nur noch Selbstzweck ist, verschwimmen die Grenzen zwischen Werbung und Kunst – so, wie die Grenzen zwischen Originalität und Imitat.
5. Wer Zweifel an der eigenen Wirkung hat, möge ein Kind befragen, einen sehr alten Menschen oder jemanden aus einem ganz anderen Kulturkreis. Schönheit steht immer in Relation zu den unterschiedlichsten Erwartungshaltungen. Anders sein wirkt immer. Und das ist schön.

Literatur

Beltracchi B, Beltracchi W (2014) Selbstportrait. Rowohlt, Berlin

Sander C (2018) HEIMAT. Deutschland – Deine Gesichter. Carsten Sander Photography Berlin. http://www.deutschlanddeinegesichter.de/. Zugegriffen 11. Febr. 2018

Ihr Outfit zeigt, in welcher Liga Sie spielen: Dresscode & Style

Sabina Wachtel

Inhaltsverzeichnis

S. Wachtel (✉)
Frankfurt, Deutschland
E-Mail: sabina.wachtel@manageroutfit.de

© Springer Fachmedien Wiesbaden GmbH, ein Teil von
Springer Nature 2019
S. Wachtel und S. Etzel (Hrsg.), *Jeder kann wirken*,
https://doi.org/10.1007/978-3-658-20123-4_6

Zusammenfassung Es gibt Stilberater, Farbberater, Image-, Typ-, Einkaufs- und Dresscodeberater, Stylisten, Kleiderschrankchecker und Etikettetrainer – und wenn ich aus dem Fenster schaue auf die Goethestraße? Eine der besten Adressen, und ich sehe speckige und schlecht sitzende Anzüge, herausgewachsene Haarschnitte und abgelaufene Sohlen. Dabei gibt es ein paar essenzielle Regeln, mit denen die Sache eigentlich schon erledigt ist.

> Kleide Dich stets für die Position, die Du willst – nicht für die, die Du schon hast (Giorgio Armani).

Tipp

Regel Nr. 1: Gut gekleideten Menschen traut man mehr zu.
Regel Nr. 2: Orientieren Sie sich nicht blind an Ihrem Chef. Wenn dieser beispielsweise meint, er müsse einen bayerischen Trachtenanzug tragen, muss er da alleine durch.
Regel Nr. 3: Angst ist ein schlechter Ratgeber.

Nun haben seltsamerweise viele Männer Angst, zu geschniegelt zu wirken; und Frauen fürchten zu weiblich zu erscheinen. Eitelkeit sei nicht mit Kompetenz im Job vereinbar, so heißt es dann. Das ist natürlich Unsinn. Denn wer darauf achtet, was er trägt und wie er es trägt, der ist noch lange nicht von Eitelkeit zerfressen. Der zollt

Abb. 1 Style, Farbe, Image, Dresscode: Ihre Liga

erst einmal nur seinen Mitmenschen einen gewissen Respekt, indem er der Situation angemessen in Erscheinung tritt. Punkt (Abb. 1).

Natürlich strebt nicht jeder eine steile Karriere an und will ins Top-Management. Aber dennoch: Ungepflegte und unpassende Kleidung sprechen Bände, egal in welcher Position. Auch wenn Sie meinen, Ihrem Chef sei es egal, solange der Umsatz stimmt… Dann mag das zwar sein, aber was auch immer sie tragen, Ihr Stil wird anderen auffallen. Auch denen, die selber nicht gut gekleidet sind.

Ganz egal, ob Sie Karriere machen wollen oder nicht, ob Sie Angestellter, Privatier oder Unternehmer sind: Ihr Outfit zeigt, in welcher Liga Sie spielen.

Der Gentleman erkennt den guten Anzug, aber nicht unbedingt am Preis

Es braucht mehr als einfach nur irgendeinen Anzug oder irgendein Kostüm, um seriös zu wirken. Wenn der Anzug nicht richtig sitzt oder die Farbe des Kostüms nicht passt, ist das Nachlässigkeit. Wer sich keinen teuren Anzug oder Kostüm leisten kann oder will, muss in jedem Fall auf den perfekten Schnitt achten. Wenn man wählen muss, geht Schnitt vor Qualität! Stil hat überhaupt nichts mit billiger oder teurer Kleidung zu tun. Somit auch nicht mit viel und wenig Geld. Man muss nur wissen, wie man mixt.

Einen guten Anzug erkennt man nicht unbedingt am Preis. Der Schnitt ist auf jeden Fall entscheidend. Klar, für 150 EUR können Sie nicht sooo viel erwarten – eigentlich nichts. Aber angefangen bei 400 bis 600 EUR auf einer nach oben offenen Skala müssen Sie schon genauer hinschauen, um die Spreu vom Weizen zu trennen: das Synthetik-Futter von der Seide, das Mischgewebe von der feinen Wolle, den hochwertigen Schnitt vom 08/15-Schlabber.

Auf den ersten Blick kann es sein, dass Sie vor einer ganzen Batterie identischer Anzüge in den Farben Marine, Schwarz und Anthrazit stehen. Die Unterschiede in der Qualität zeigen sich aber sehr wohl. Es kommt auf die

Details an. Wer bei der Anzugwahl auf die Feinheiten achtet, wird reich belohnt: Mit einem Anzug, an dem er viele Jahre Freude hat. Allein schon, weil der Schnitt eben nicht irgendwelchen kurzlebigen Trends folgt, sondern zeitlos-elegant ist; und weil der Anzug nicht nach dem zweiten Tragen schon fusselig wird oder nach einer Stunde Sitzen abgetragen aussieht. Ein guter Anzug ist eine Investition, die sich lohnt, selbst wenn man kein großes Budget hat.

Ein kleiner Handgriff mit großer Wirkung: Beim Outfit muss zumindest ein hochwertiges Teil dabei sein. Dafür zu sparen lohnt sich. Es gibt nichts Schöneres und Erhabeneres als in ein „Luxus-Geschäft" zu gehen, und sei es auch nur, um ein winziges Teil zu kaufen. Dieses dann zu tragen ist pure Freude. Abgesehen von der Qualität ist der Gang schon ein anderer, das Auftreten auch.

Der Dresscode gibt den Rahmen für den individuellen Stil

In vielen Unternehmen der Dienstleistungsbranche gilt ein Dresscode; Banken beispielsweise: Anzug, Hemd, Krawatte. Manche Dienstleister tragen sogar Uniformen oder, wie man es freundlicher ausdrückt, Corporate Fashion: Airlines, Reisebüros, Hotels, Supermärkte, Restaurants, Autovermieter etc.

Auf den ersten Blick ein bisschen schade: Denn der persönliche Kleidungsstil verrät doch so manches über den Menschen. Als Kunde würde ich vielleicht sogar davon profitieren, wenn mein Bankberater sich so kleiden dürfte, wie es seiner Meinung nach richtig ist. Er würde mir eine authentische Facette seiner Persönlichkeit zeigen und wäre somit leichter zu durchschauen. Aber der Gedanke greift zu kurz. Das Professionelle wird durch die Rolle getragen – nicht durch die kleinen Eigenheiten und Macken, die Menschen im Privaten so liebenswert machen.

Haben Sie sich schon einmal Gedanken darüber gemacht, warum in einer Fußballmannschaft alle das gleiche Trikot tragen, nur der Torhüter nicht? Nun, der Torhüter soll jederzeit als solcher zu erkennen sein, denn er sollte der einzige sein, der den Ball im Strafraum in die Hand nimmt. Und genau so definiert der Dresscode Rechte und Pflichten. Bis hin zur Uniform. Die Uniform ist die strengste Form des Dresscodes, und sie gibt der geschäftsmäßigen Interaktion einen Rahmen. In diesem Rahmen bewegen wir uns. In diesem Rahmen wird guter oder schlechter oder auch einfach mittelmäßiger Service geleistet. Der Rahmen definiert (hoffentlich nicht allein, aber doch maßgeblich) Erwartungen. Die Uniform weist den Menschen als Repräsentanten des Unternehmens aus. Wir haben eine durch und durch zweckmäßige Beziehung. So soll es sein. Den Bankangestellten durchschauen? Die Stewardess, den Autovermieter, den Briefträger in allen Facetten ihrer Persönlichkeit kennen? Um Gottes Willen! Will ich gar nicht.

Die Uniform schützt. Und zwar beide. Den Kunden vor Dingen, die er gar nicht sehen will, und den Uniformträger vor den gröbsten No-Gos, die es nun einmal gibt im Business. Es ist vielleicht nicht die beste aller Eigenschaften der Menschen, aber, ob wir es wollen oder nicht: Wir beurteilen unser Gegenüber zu allererst nach der äußeren Erscheinung. Das ist unser erster Eindruck. Und der sagt mir im Falle des Uniformträgers zunächst: Hier ist jemand, der für mein Anliegen zuständig ist. Alle weiteren Faktoren – schaut er mich direkt an, hat er eine angenehme Stimme, wie sitzt er, wie steht er, schielt er auf sein Handy, während er mit mir spricht – all das kommt erst an zweiter Stelle. Die Uniform rückt das Wesentliche in den Fokus.

Business-Mode ist beständiger als Streetwear

Es heißt immer mal wieder, die Business-Dresscodes seien nicht mehr so streng wie früher. Das ist natürlich Unsinn. Es mag schon sein, dass neben dem klassischen Kostüm oder dem dunklen Anzug heutzutage Varianten erlaubt sind, die es in den fünfziger Jahren noch nicht gab. Das liegt aber – das muss man an dieser Stelle doch noch einmal erwähnen – auch daran, dass sich die Mode ändert. Manches bleibt, manches kommt wieder, manches verschwindet für immer; wie auch immer: Business-Mode ist weniger trendy und in vielem beständiger als Streetwear. Aber Mode bleibt Mode. Und so geben auch die Dresscodes nach wie vor den Rahmen für den individuellen Stil.

Der perfekte Stil eine höchst individuelle Angelegenheit

Rigorose Outfit-Vorgaben mag man zuweilen als Einschränkung empfinden; so manche Frau steht sicherlich manchmal vor dem vollen Kleiderschrank und sehnt sich eine klare Guideline herbei. Immer gilt es im Business die Vermittlung zu finden aus dem, was Rolle, Anlass und Marke vorgeben und der Person. Allein schon, weil der perfekte Stil immer eine höchst individuelle (und damit übrigens auch heikle) Angelegenheit ist, lassen sich hier keine pauschalen Regeln aufstellen. Einige Punkte gibt es aber eben doch zu beachten, damit Sie sich zwischen Graumäusigkeit und Exzentrik sicher im Business bewegen können – ohne in die Extreme zu gehen: immer sicher in der Rolle. Und immer im eigenen Stil.

„Mann" ist sich, wie gesagt, weitestgehend einig: Mit einem gut geschnittenen und hochwertigem Anzug liegt man erst einmal nicht verkehrt. Die Frage „Was trage ich heute?" ist schnell beantwortet: Anzug, Hemd, Krawatte – Basta! Am Dresscode für Damen hingegen scheiden sich mitunter die Geister. Selbst in konservativen Branchen können Frauen sich noch zwischen Hosenanzug und Kostüm, Röcken, Blusen, Hemden, Blousons und Jacketts in länger, kürzer, weiter und enger entscheiden.

Kostüm und Anzug

Das Kostüm galt lange Zeit als weibliches Pendent zum Anzug und war fast die einzige echte Option, wollte „frau" sich im Business hochprofessionell zeigen. Der Klassiker ist der Zweiteiler aus Rock und Jackett oder Blazer noch immer. Wer zum Klassiker greift, sollte sich aber immer bewusst sein: Die perfekten Schule und eine elegante Strumpfhose sind essenzielle Bestandteile des Outfits. Beim Hosenanzug fallen Schuhe und Strümpfe weniger ins Auge – was natürlich kein Argument für schlechte Qualität sein soll. Egal, ob Sie sich für Anzug oder Kostüm entscheiden: Achten Sie immer auf den perfekten Sitz. Der Schnitt ist das A und O. Nichts darf spannen, nichts darf Falten werfen.

Blazer und Jackett

Anders als in der Herrengarderobe, für die sich die „Kombination" schlichtweg verbietet, ist für Damen der Blazer als Einzelstück durchaus erlaubt. In der Mode kommt bekanntlich alles wieder, so waren in den letzten Jahren auch immer mal wieder die Kastenschnitte mit Schulterpolstern aus den neunziger Jahren des vorigen Jahrhunderts zu sehen; im Business allerdings ein Fehlgriff: Tragen Sie den Blazer tailliert – wenn Sie eine Taille haben, gerade (aber schmal), wenn Sie keine oder wenig Taille haben. Über den Po sollte der Blazer wirklich nur gehen, wenn Sie dringend etwas kaschieren möchten. Grundsätzlich gilt: Je reduzierter, desto besser. Setzen Sie Akzente nicht mit Schnickschnack am Blazer, sondern durch gut gewählte Accessoires.

Hose, Rock und Kleid

Als Coco Chanel die ersten Hosen für Frauen entwarf, war das eine Revolution, die im heutigen Angebot der Schnitte, Längen, Weiten, Stile und Stoffe sicher nicht mehr widerscheint. Dabei wird keiner sagen wollen, die Hose für die Frau sei das gleiche Stück Stoff, in das der

Mann seine Beine kleidet. Während Männer (zumindest jene, die weder deutlich unter- oder übergewichtig sind) oftmals gar nicht wissen, dass es Anzughosen in verschiedenen Schnitten gibt, ist jede Frau schon einmal daran verzweifelt, die ausgesuchte Hose mit der eigenen Körperform übereinzubringen. Der klassische Businesslook kennt zwei Grundschnitte: Die Bleistift- und die Marlene-Hose. Für manche Anlässe mag eine dunkle Jeans zum Blazer eine Alternative sein; eine Leggins ist abseits der heimischen Couch niemals eine Option.

Es gibt wenige Kleidungsstücke, die so nerven können wie ein schlecht sitzender Rock. Ein Rock, der nicht richtig passt, schlägt Falten, zwickt und kneift, rutscht hoch oder runter, lässt (zumindest in den kritischen Augen der Rock-Trägerin) Beine, Po oder Bauch zu dick wirken. Zudem lenkt er im Meeting mit der Teamleitung die Blicke der männlichen Kollegen von der gewissenhaft ausgearbeiteten Präsentation ab. So viel zum Rock, der nicht sitzt. Der perfekt geschnittene Rock hingegen aus hochwertigem Material, getragen in der richtigen Größe und stilvoll kombiniert, ist neben dem Kleid ein weiterer unschätzbarer Vorteil gegenüber der Männerwelt. Dieser bleibt außerhalb Schottlands verwehrt: elegant, bequem, der Figur schmeichelnd, und – das muss einfach mal gesagt werden – im Sommer besser belüftet als das Pendent mit zwei Beinen.

> My wife has the right to 'bare' arms (Barack Obama).

Über die Frage nach der Freiheit der Schulter im Business wird mitunter gestritten; ohne Zweifel jedoch gehört das elegant geschnittene, hochwertige Etui-Kleid zu den erlaubten Waffen der Frau im Business. Hier haben Frauen eben doch einmal ein echtes Privileg: ein einziges Kleidungsstück, und sie sind perfekt angezogen! Es gilt, was der gute Stil doch ohnehin meist verlangt: nicht zu kurz, nicht zu eng, nicht zu weit ausgeschnitten – und dann sollte das businesstaugliche Kleid doch eben bitteschön die Schultern bedecken.

Hemd, Bluse und Shirt

Über das Herren-Outfit sagt man oft, an der Krawatte erweise sich das wahre Stilgefühl. Für Frauen könnte die Bluse diese Rolle übernehmen. Gibt es doch, anders als beim Männerhemd, eine schier unendliche Zahl der Schnitte, Farben und Muster – und ja: Grundsätzlich dürfen wir die auch alle tragen! Wer unsicher ist, greift zwar am besten zu gedeckten Farben in Uni; aber doch: gewagte Stücke sind, wenn sie entsprechend kombiniert werden, möglich. Dass die Bluse im Office nicht durchsichtig ist, versteht sich von selbst, ebenso wie dass sie weder über der Brust spannen sollte noch hochrutschen oder den Blick ins Dekolleté freigeben darf.

Selbst bei ausgesprochen formellem Dresscode spricht für Damen grundsätzlich nichts gegen das Shirt zum Business-Outfit. Im Gegenteil: Ein schnörkelloses Oberteil aus hochwertigem Material in klassischen Farben kann das Geradlinige des Outfits sogar unterstreichen. Allerdings ist damit auch schon die essentielle Voraussetzung genannt: Keine Rüschen, keine Blümchen, keine Verspielten Kragen oder Puff-Ärmelchen bitte! Und nur, wer wirklich, wirklich stilsicher ist, darf eines der unverrückbaren Gesetze des Business übertreten: Wem es gelingt, das Printed T-Shirt zum Business-Outfit zu kombinieren, der hat Stil verstanden.

Schuhe

Man sieht am Fuß so einiges – waren geschlossene Schuhe im Business bisher noch in Stein gemeißelt, scheinen sich heute doch nur noch Flipflops wirklich unterm Bürotisch zu verbieten. Dazu ist nur zu sagen: Doch. Es. Gilt. Noch. Immer. Das klassische Business-Outfit verlangt geschlossene Schuhe. Und zwar keine Ugg Boots, sondern elegante Damenschuhe aus glattem Leder. Bitte. Wer ein Zeichen setzen will, kann dies mit Farbe und Absatz tun – wobei zu beidem eine gewisse Sicherheit gehört. Zur Wahl der Farbe die Sicherheit im Stil. Für den Absatz die Sicherheit im Stand. Und zwar auch noch, wenn in den Schuhen dann mal ein längerer Weg zurückgelegt wurde als nur bis zur Kaffeeküche.

Das gut gewählte Outfit macht keinen zur Modepuppe

„Ich bin doch kein Modepüppchen." „Aufgedonnert will ich nicht herumlaufen." „Für Kostüme/Anzüge bin ich einfach nicht der Typ." Die Liste der Sätze, mit denen nachlässige Kleidung gerechtfertigt wird, ist sehr, sehr lang. Kennen Sie jemanden, der vor dem Aufsichtsrat allen Ernstes in der Cordjacke aufschlägt und der Meinung ist, damit authentisch aufzutreten? Kennen Sie eine coole Socke, die fürs Kundengespräch mal eben die Nylon-Sporttasche mit den Präsentationsunterlagen gepackt hat, weil da wenigstens alles reinpasst. Es kommt ja auf den Inhalt an und nicht auf… Ja, auf was denn bitte? Wie soll eine brillante Performance entstehen, wenn nicht durch einen überzeugenden Gesamteindruck?

Männer wie Frauen, Vertriebsprofis, Vorzimmerdamen, Bereichsleiter, Spitzenmanager sämtlicher Branchen: Wer optisch in der Ersten Liga spielt, kommt eben anders rüber. Und das motiviert eben auch für den Rest. Stimmt der Dress zum Image, zum Unternehmen? Wie ist dieses Ergebnis zu erreichen? Passt das alles überhaupt zusammen? Wo hakt es? Was stimmt nicht? Ein guter Dress schafft immer die Verbindung von Angemessenheit im Auftritt und der Erscheinung der Person. Ja, Ihre optische Erscheinung muss es sogar schaffen, dass sich Ihre Zielgruppen angesprochen und repräsentiert fühlen.

Wo Sie gehen und stehen – ab einem bestimmten Level sind Sie nicht mehr ganz authentisch Sie selbst, sondern Sie sind immer auch die Rolle, in der Sie auftreten. Es ist wertrelevant, wie man zur Tür hereinkommt: Ihr Ziel muss immer Stimmigkeit für die Person und die Marke gleichermaßen sein.

Fazit

Oft ist es gar nicht so einfach, immer genau die richtigen Kleidungsstücke zu Anlass, Dresscode und persönlichem Stil zu finden. Was gerade angesagt ist - und von den Modeherstellern auf Laufstegen und in Hochglanzmagazinen vorgeführt wird - hilft dabei nur bedingt. Maßgeschneidertes strapaziert das Budget dann doch ein bisschen über die Maßen. Und man kann ja auch nicht dauernd dasselbe anziehen, nur weil man jetzt endlich die eine Jacke hat, die so fantastisch sitzt... Aber es gibt dennoch ein paar Goldene Tipps - mit denen man immer richtig liegt:

Regel Nr. 1: Gut gekleideten Menschen traut man mehr zu.
Regel Nr. 2: Orientieren Sie sich nicht blind an Ihrem Chef. Wenn dieser beispielsweise meint, er müsse einen bayerischen Trachtenanzug tragen, muss er da alleine durch.
Regel Nr. 3: Angst ist ein schlechter Ratgeber.

Weiterführende Literatur

Wachtel S (1998) Managementtrainer. Adressen, Referenzen, Honorare. Campus, Frankfurt

Wachtel S (1999) PR- und Medienberater. Personen, Leistungen, Basics. Campus, Frankfurt

Wachtel S (2004) Corporate Speaking. Auftritte des Spitzenmanagements. InnoVatio, Bonn

Wachtel S (2014) Goldschnitte. Random House, München

Unter Alphamännchen. Frauen in Führungspositionen

Beatrix Meibeck

Inhaltsverzeichnis

Zusammenfassung Weibliche   Führungskräfte   –   unter-
schätztes Potenzial: Ist das so? Sind Führungspersönlichkeiten
wirklich ausschließlich Männer? Studien belegen, dass

B. Meibeck (✉)
Düsseldorf, Deutschland
E-Mail: Beatrix.Meibeck@kloeckner.com

© Springer Fachmedien Wiesbaden GmbH, ein Teil von
Springer Nature 2019
S. Wachtel und S. Etzel (Hrsg.), *Jeder kann wirken,*
https://doi.org/10.1007/978-3-658-20123-4_7

Frauen „anders ticken" als Männer, was ihre Führungsstrategien angeht. Sie zeigen aber auch, dass diese Strategien erfolgreich sind. Mehr noch: Mit Blick auf Inspiration, Charisma und Einflussnahme schneiden vermeintlich weibliche Modelle der Führung schlichtweg besser ab. Man kann sagen: In der heutigen Welt der komplexen und vernetzten Prozesse sind Frauen im Vorteil. Und für den wirtschaftlichen Erfolg der Unternehmen sind sie ohnehin unverzichtbar.

> Eine Führungspersönlichkeit ist ein Mann, der genau weiß, was er nicht kann, und der sich dafür die richtigen Leute sucht (Philip Rosenthal, 1916–2001).

Die Kunst der rhetorischen Wirkung scheint allenthalben „weiblicher" zu werden: Emotionen sind gefragt, wo es früher nur sachlich-trocken zuging, es wird verbal beim öffentlichen Auftritt viel seltener verbal „auf den Tisch gehauen"; vielmehr sucht man den Anschluss zur anderen Seite, den *common ground*. Nicht die technisch ausgefeilte Präsentation auch noch des letzten winzigen Details überzeugt, sondern das Bild, die Anschaulichkeit, das mit allen Sinnen Greifbare (Wachtel 2017). Warum ist es dennoch so, dass Führungspersönlichkeiten so viel öfter Männer sind?

Deutsche Unternehmen brauchen dringend Frauen in der Führung

Dass sich eine Führungskraft die richtigen Leute sucht für die Dinge, die sie selbst nicht beherrscht, ist sicher ein guter Ansatz. Aber insbesondere im 21. Jahrhundert gilt

Abb. 1 Vision, Handwerk, Tun: auch unter Alphamännchen

auch: Frauen kommen als Führungspersönlichkeit genauso infrage wie Männer. Mehr noch: Unternehmen haben nicht nur einen Vorteil davon, weibliche Führungskräfte einzustellen oder aufzubauen, wie in diesem Kapitel noch gezeigt wird; sie können es sich schlicht nicht länger leisten, auf 50 % der Talente zu verzichten (Abb. 1).

Studien belegen sogar, dass ein möglichst hoher Anteil weiblicher Führungskräfte wichtig für den Unternehmenserfolg ist. So etwa „Women Matter", eine Untersuchung, in deren Rahmen die Unternehmensberatung McKinsey seit 2007 jährlich dem Einfluss weiblicher Führungskräfte auf den Unternehmenserfolg nachgeht. Bereits Women Matter 1 (Pokorny 2007) ergab einen Zusammenhang zwischen der Performance eines Unternehmens und dem Frauenanteil in der Führungsetage: Sowohl organisatorisch als auch finanziell am erfolgreichsten sind diejenigen Unternehmen, bei denen am meisten Frauen in den obersten Führungsgremien vertreten sind. Die Analyse basiert auf einer Stichprobe europäischer Firmen, die den höchsten Anteil an Frauen in Positionen des Topmanagements aufweisen.

Die Folgestudie Women Matter 2 (Pokorny 2008) setzte sich mit der Frage auseinander, warum weibliche Führungskräfte eine besondere Wirkung auf den Unternehmenserfolg haben können. Die Autoren kamen zu dem Ergebnis, dass dies vor allem im unterschiedlichen Führungsstil von Frauen begründet liegt: Managerinnen setzen die Führungspraktiken Mitarbeiterentwicklung und Inspiration öfter ein, was dem Unternehmenserfolg nachweislich zu Gute kommt. Deshalb ist die Förderung von „Gender Diversity" in der Unternehmensleitung von strategischer Bedeutung für Unternehmen.

Ganz im Zeichen der Finanz- und Wirtschaftskrise stand die dritte Ausgabe der Studienreihe im Jahr 2009 (Pokorny 2009). Eine Befragung von 763 Führungskräften weltweit ergab, dass mit einem höheren Frauenanteil auf Vorstandsebene die Chance von Unternehmen steigt, die Krise gut zu bewältigen, da bei Frauen die dafür entscheidenden Führungsqualitäten häufiger zur Geltung kommen: „Inspiration" und „Erwartungen definieren/ Belohnungen anbieten" werden von Frauen wesentlich häufiger angewendet als von Männern, wie bereits Women Matter 2 gezeigt hatte.

Aber obwohl die ersten drei Women-Matter-Studien den Zusammenhang zwischen Unternehmenserfolg und dem Anteil von Frauen in den Führungsetagen deutlich aufgezeigt haben, hat sich die Anzahl der Frauen in Spitzenpositionen der Wirtschaft seit Beginn der Studien-reihe nicht verändert. Nach wie vor sind Frauen in den Vorstandsetagen und Aufsichtsräten deutscher Unter-nehmen stark unterrepräsentiert. Es lag daher nahe, dass der Fokus von Women Matter 4 im Jahr 2010 (Pokorny 2010) auf der Frage lag, warum „Gender Diversity" noch nicht genügend verankert ist und wie sich hier erfolgreich gegensteuern lässt. Die Analyse von weltweit 300 Unternehmen und die Befragung von rund 1500 Führungskräften ergab, dass die hinsichtlich der Vielfalt in Spitzenpositionen erfolgreichsten Unternehmen durch-schnittlich fünf bestimmte Maßnahmen definiert haben, die zum Ziel haben, Frauen zu gewinnen und zu för-dern, wobei nicht alle Maßnahmen die gleiche Effektivi-tät erzielen. Die feste Verankerung von „Gender Diversity" und die aktive, nachhaltige Förderung durch die Unter-nehmensspitze sind Voraussetzung für eine erfolgreiche Umsetzung. Individuelle Entwicklungsprogramme für Frauen sind Voraussetzung für diesen Wandel

* Angebot von Trainings-, Coaching- und Mentoringmo-dulen, die weiblichen Nachwuchskräften ihre Möglich-keiten aufzeigen und ihre Karrierewege fördern
* Aufbau von Netzwerken innerhalb der Unternehmen, die jungen Mitarbeiterinnen Zugang zu weiblichen Führungskräften mit Vorbildfunktion ermöglichen.

Wenngleich also die Studienreihe „Women Matter" die Bedeutung von Gender Diversity deutlich macht, spre-chen die Zahlen aus der Unternehmenswirklichkeit eine andere Sprache. Bis zur Einführung der Frauenquote waren 2012 lediglich 13,7 % aller Aufsichtsratsmitglieder der börsennotierten Unternehmen in Europa weiblich. In Deutschland waren es gerade einmal 15,6 %. Das ist ein Tropfen auf den heißen Stein, denn insbesondere Deutschland ist angesichts der geburtenschwachen Jahrgänge auch auf die weiblichen Talente angewiesen und kann aufgrund dieser demografischen Entwicklung nicht auf die weiblichen Talente verzichten. Ohne Frauenquote bliebe es bei dem langsamen Anstieg, und es dauerte 40 Jahre, bis der Gleichstand der Geschlechter annähernd erreicht wäre.

Offenbar mussten die Unternehmen zu ihrem Glück gezwungen werden. Seit 2016 gilt eine Geschlechterquote von 30 % für neu zu besetzende Aufsichtsratsposten. Am 1. Mai 2015 trat das Gesetz für die gleichberechtigte Teilhabe von Frauen und Männern an Führungspositionen in Kraft (Bundesministerium für Familie, Senioren, Frauen und Jugend 2017). Zuvor war der Frauenanteil in den Führungsetagen deutscher Unternehmen trotz vieler Apelle und freiwilliger Selbstverpflichtungen jahrelang stagniert. Nur die Pflicht hilft offenbar. Die Quote wirkt: Seit Einführung stieg die Frauenquote für Aufsichtsratspositionen auf 28,1 %. Im Vergleich zu Unternehmen mit gesetzlicher Quote versagt der Rest der Wirtschaft. In deutschen Konzernen bleiben die Vorstände eine Männerdomäne. Immerhin sind 75 % der Gremien ausschließlich männlich besetzt.

Dabei brauchen Deutsche Unternehmen die Frauen gerade jetzt: Die Generation Y verlangt nach dem typisch weiblichen Führungsstil – es geht nämlich genau nicht um Hierarchie und Status (siehe Kap. „When two worlds collide. Babyboomer vs. Generation Y"). Es geht ihnen um Flexibilität (bzgl. Arbeitszeit und -ort) und um das Agieren auf Augenhöhe. Sie wollen inhaltlich arbeiten, Themen vorantreiben, aber ganz bestimmt keine Kontrolle oder politische Machtspielchen. Durch die früh erlernte Art der Kommunikation achten Frauen auf beziehungsorientiertes Miteinander, es geht ihnen nicht um Status. Dobner konstatiert, dass sich Frauen bei gleichem IQ durch einen höheren EQ besser zur Führung von Teams eignen (Dobner 1997). Frauen können ihren Mitarbeiterinnen und Mitarbeitern Freiraum für ihre Arbeit lassen, denn sie gehen gelassen mit dem Wissen um, dass sie nicht auf allen Gebieten kompetent sind. Und genau das verlangt die neue Generation. Dieses unterschiedliche Führungsverhalten von Männern und Frauen ist die Basis, die Unternehmen bereichert und ihnen größeren Erfolg beschert.

Nicht nur die Führungseigenschaften von Männern und Frauen unterscheiden sich, sondern auch die Art und Weise, in der ihr Gehirn arbeitet. Männer nutzen intensiver die linke Gehirnhälfte, während Frauen beide Gehirnhälften in gleichem Maße einsetzen. In der linken Gehirnhälfte befinden sich die Fähigkeiten des sachlichen und analytischen Denkens und der Logik, in der rechten Gehirnhälfte ist der Raum für Intuition, Gefühle und Bilder (Dobner 2001).

Im Berufsleben hat dies zur Konsequenz, dass Frauen ein Vertrauensverhältnis zu ihren Mitarbeiterinnen und

Mitarbeitern aufbauen und diese als Menschen sehen, nicht nur als „Beschäftigte" (Dobner 1997). Dabei setzen sie beim Beziehungsaufbau auf verinnerlichte Werte, z. B. von Partnerschaftlichkeit und Vertrauen.

Hintergrundinformation
Bestätigt werden diese Aussagen durch das „4-I"-Konzept, das Bass und Avolio im Rahmen der Transformationalen Führung entwickelt und untersucht haben. Transformationale Führungskräfte sind wesentlich mehr gefordert in Bezug auf den Aufbau von Kompetenzen, um überlegene Ergebnisse zu erzielen. Das Konzept baut auf die Transaktionale Führung auf, bei der es lediglich um die Vereinbarung von Zielen geht (Leistung – Gegenleistung). Folgende Faktoren werden abgeleitet (Goos und Hansen 1999):

1. Idealized Influence (Idealler Einfluss oder Charisma): Die Führungskräfte genießen das volle Vertrauen ihrer Mitarbeiter *und* Mitarbeiterinnen, jedes Hindernis zu überwinden.
2. Inspirational Motivation: Transformationale Manager motivieren ihre Mitarbeiterinnen und Mitarbeiter zu höheren Ziele als üblich.
3. Intellecutal Stimulation: Transformationale Führungskräfte stimulieren die intellektuellen Fähigkeiten ihrer Mitarbeiterinnen und Mitarbeiter und ermuntern sie, auch über seit längerem bestehende Probleme auf neue Art und Weise nachzudenken.
4. Individual Consideration: Transformationale Führungspersonen fungieren als Mentor oder Coach und gehen auf die individuellen Bedürfnisse ihrer Mitarbeiterinnen und Mitarbeiter ein.

Hier verorten Bass und Avolio spezifische weibliche Stärken. Bei den meisten dieser Faktoren sprechen sie Frauen mehr
Kompetenz zu. Dies gilt z. B. hinsichtlich Inspirationsfähigkeit,
Charisma und Einflussmöglichkeit (idealized influence) (Goos
und Hansen 1999).

Es ist erwiesen, dass Frauen andere Mittel der Führungswirkung einsetzen als Männer. Erwiesen ist aber auch, dass
das kein Grund darstellt, sie von Führungsaufgaben fern-
zuhalten. Denn gerade durch ihren eigenen Führungsstil
tragen Frauen entscheidend zum Erfolg der Unternehmen
bei. Ein weiterer Bereich, in dem sich Frauen und Männer
unterscheiden, ist ihre kommunikative Wirkung. Was den
weiblichen Stil der Kommunikation kennzeichnet, und
inwieweit dieser das persönliche Fortkommen beeinflusst,
ist Gegenstand des nächsten Abschnitts.

Weibliche Führungsrhetorik –
Selbstbewusstsein statt
Akzeptanzwunsch

Wenn ein Mann aufsteht und etwas sagt, hört das Publikum ihm zu und nimmt erst danach seine äußere
Erscheinung wahr. Wenn eine Frau aufsteht und dasselbe
tut, sieht man sie sich zuerst genau an. Und nur wenn ihre
äußere Erscheinung überzeugt, hört man ihr zu (Pauline
Frederick, amerikanische Journalistin).

Kommunizieren Frauen anders als Männer oder warum
wird zunächst ihr Äußeres begutachtet? Warum müssen

Frauen um die Aufmerksamkeit der Zuhörer stärker kämpfen als Männer? Frauen reden historisch betrachtet erst seit relativ kurzer Zeit in der Öffentlichkeit (Berckhan et al. 1999). Renate Künast vertritt die Auffassung, dass die weibliche Redekunst noch in den Kinderschuhen steckt. Männliche Eigenarten in Duktus, Tonlage, Anmutung und Körpersprache sind entscheidende Kriterien für eine gute Rede (Wagner-Egelhaaf und Tonger-Erk 2011). Anstatt selbstbewusst und überzeugt aufzutreten, stellen Frauen ihr Licht jedoch immer wieder unter den Scheffel und machen sich kleiner als sie sind (Berckhan et al. 1999).

Bei Rednerinnen sind häufig Entschuldigungen, Rechtfertigungen oder unangebrachtes Gekicher zu beobachten. Sätze wie „Ich muss noch mal neu anfangen", „Ich bin furchtbar nervös" oder am Ende einer Rede „Das war es auch schon" sind in weiblichen Reden nicht selten. Dabei reden Frauen keineswegs schlechter als ihre männlichen Kollegen, bedienen sich aber immer wieder weiblicher Attitüden. Somit bieten Frauen Männern einen hervorragenden Nährboden, unterbrochen zu werden. Dafür hat sich im Laufe des letzten Jahres ein Begriff etabliert: *Manterrupting* – Wenn Männer Frauen unterbrechen. Vor allem in der Medienwelt ist der Begriff präsent.

Hier gilt: Nicht aus dem Konzept bringen lassen. Gehen Sie darüber hinweg und machen Sie weiter, als wäre nichts gewesen. Das ist unhöflich? Es war auch unhöflich, Sie zu unterbrechen. Verlieren Sie nicht den roten Faden. Bleiben Sie konzentriert und nehmen Sie Ihr Wort wieder auf.

Frauen müssen also weg von der Rechtfertigung und hin zum wirkungsvollen Auftritt. Das fängt bei der Sprache an. Frauen benutzen häufig Weichmacher, um nicht zu hart zu wirken. Gerne werden Begriffe wie „eventuell" oder „möglicherweise" eingeschoben. Wenn man Frauen fragt, warum sie ihre Meinung nicht klar vertreten, heißt es häufig: Sie hätten Angst davor, abgelehnt zu werden. Äußerten sie eine abweichende Meinung, würden sie von den anderen nicht mehr gemocht werden (Berckhan et al. 1999).

Fazit: Frauen müssen lernen, klare Botschaften zu formulieren und Dinge auf den Punkt zu bringen. Wie bereits erwähnt zeichnen sich Frauen durch stärkere Emotionen aus. Diese sollten sie nutzen und erspüren, was das Publikum will und was sie mit ihm verbindet (Wagner-Egelhaaf und Tonger-Erk 2011). Sie sollten Dinge auf den Punkt bringen, auf unnötige Fremdwörter verzichten und auf einen einfachen Satzbau zurückgreifen, sodass man am Ende des Satzes noch weiß, wie er begann. In Trainings ist zu beobachten, dass ein abschätziger Blick oder ein kritisches Wort ausreicht, um diese Frauen sofort aus dem Konzept zu bringen. Bei einer Videoaufzeichnung unterbrechen sie sogar ihre Übung und fragen, was denn los sei. Sofort sind sie unsicher und haben Angst, etwas falsch zu machen, oder dass man schlecht über sie denken könnte. Es sollte umgekehrt sein: Eine Rednerin sollte keineswegs zu „nett" wirken. Wirkt sie zu nett, achtet niemand auf den Inhalt. Auch der Sprechstil ist wichtig für eine gute Rede. Auf keinen Fall sollte die Rednerin ihre Stimme verändern, um eine gewisse Wirkung zu erzielen.

Ein Verstellen der Stimme ist anstrengend – für Rednerin und Zuhörer. Auch bei zu hoher und leiser Stimme wirken Frauen wieder zu nett (siehe Kap. „Voice Power. Die Stimme macht den Unterschied"). Andererseits: Im Bundestag gelten Frauen mit lauter Stimme als Mannweiber (Wagner-Egelhaaf und Tonger-Erk 2011).

Beispiel

Selbst Frauen in Spitzenpositionen haben darum zu kämp-fen, dass ihnen Aufmerksamkeit entgegengebracht wird. Dabei entwickeln Frauen unterschiedliche Strategien, Gehör zu finden. Susan Estrich bspw., die 1988 die Kampa-gne zur Präsidentschaftswahl für den Kandidaten Michael Dukakis leitete, hatte es sich zur Gewohnheit gemacht, heftig mit den Armen zu rudern, um so wenigstens ihre unmittelbare Umgebung zum Zuhören zu bewegen. Die erste Frau am Höchsten Gerichtshof der Vereinigten Staa-ten, Sandra Day O'Conner, hat auf die Frage, mit welchen Problemen sie bei ihrem Aufstieg am meisten zu kämp-fen hatte, geantwortet, dass es das Schwierigste gewesen sei, Männer zum Zuhören zu bewegen (Mindell 2000). Ihr Rezept: Waren die Zuhörer unaufmerksam, sprach sie zusehends leiser, sodass man sich weit vorlehnen musste, um sie zu verstehen. Sie drehte also das typische männliche Sprachmuster um.

Eine ausgeklügelte Technik der Redewirkung bedarf vie-ler Jahre Übung und Erfahrung. Viele Frauen konnten bislang noch keine eigene – erfolgreiche – Methode ent-wickeln. Häufig gehen die Bemühungen sogar in die fal-sche Richtung: In Übungen mit Frauen zeigt sich, dass sie im Laufe ihrer Reden immer schneller sprechen. Sie sind froh, wenn sie am Ende angelangt sind, und die Zuhörer haben das Gefühl, die Rednerin sei weggelaufen. Auch in diesen Fällen achtet niemand mehr auf den Inhalt, jeder konzentriert sich auf das Tempo.

Gibt es aber eine typische weibliche Führungsrhetorik, die Anregungen für Nachwuchsmanagerinnen liefern kann? Untersucht man die Reden verschiedener Frauen in Spitzenpositionen, ergibt sich kein Muster einer genderspezifischen Rhetorik. Andererseits gibt es auch keine spezifisch männliche Rhetorik – es gibt lediglich gute und schlechte Redner. Und doch sind Männer im Vorteil: Seit jeher sind sie in Führungspositionen und hatten somit genügend Gelegenheit, ihren Stil zu prägen. Für Frauen dagegen ist das öffentliche Reden eine neue Errungenschaft. „Das Weib schweige in der Gemeinde" (1. Kor 14, 34) heißt es bereits in der Bibel, und ein Blick in Hörsäle und Konferenzräume vermittelt den Eindruck, als würde diese Vorschrift heute noch gelten (Berckhan et al. 1999).

Führungsrhetorik ist also geschlechtsneutral, denn typisch weibliche Wege der Rhetorik bringen keinen Erfolg. Deshalb ist es wichtig, dass weibliche Führungskräfte grundlegende Fehler vermeiden und nicht in typisch weibliche Muster abdriften. Das bedeutet konkret: Keine Weichzeichner, Entschuldigungen und Rechtfertigungen. Sondern klare Botschaften. Selbstbewusst und auf den Punkt vorgetragen und verständlich formuliert.

Literatur

Berckhan B, Krause C, Röder U (1999) Die erfolgreichere Art (auch Männer) zu. Frauen überwinden ihre Redeangst überzeugen. Kösel-Verlag, München

Bundesministerium für Familie, Senioren, Frauen und Jugend (2017) Quote für mehr Frauen in Führungspositionen: Privatwirtschaft. https://www.bmfsfj.de/bmfsfj/themen/gleichstellung/frauen-und-arbeitswelt/quote-fuer-mehr-frau-en-in-fuehrungspositionen–privatwirtschaft/78562. Zugegriffen: 11. Febr. 2018

Dobner E (1997) Wie Frauen führen. Innovation durch weibliche Führung. Sauer, Heidelberg

Dobner E (2001) Frauen in Führungspositionen. Sauer, Heidelberg

Goos G, Hansen K (1999) Frauen in Führungspositionen. Erfahrungen Ziele Strategien. Waxmann, Münster

Mindell P (2000) Starke Frauen sagen was sie wollen. Hugendubel, München

Pokorny M (2007) Performancesteigerung durch Frauen an der Spitze. Women Matter 1. https://www.mckinsey.de/2007-05-23/weibliche-führungskräfte-benötigt. Zugegriffen: 11. Febr. 2018

Pokorny M (2008) Führungsstärken der Frauen. Women Matter 2. https://www.mckinsey.de/2008-05-23/führungs-stärken-der-frauen. Zugegriffen 11. Febr. 2018

Pokorny M (2009) Führungsqualitäten in der Krise. Women Matter 3. https://www.mckinsey.de/2010-04-23/führungs-qualitäten-der-krise. Zugegriffen: 11. Febr. 2018

Pokorny M (2010) Gender Diversity im Topmanagement. Women Matter 4. https://www.mckinsey.de/2010-10-23/gender-diversity-im-topmanagement. Zugegriffen: 11. Febr. 2018

Wachtel S (2017) Executive Modus. 12 Taktiken für mehr Führungswirkung. Hanser, München. S 165

Wagner-Egelhaaf M, Tonger-Erk L (2011) Einspruch! Reden von Frauen. Reclam, Stuttgart

Voice Power. Die Stimme macht den Unterschied

Milena Hardt

Inhaltsverzeichnis

M. Hardt (✉)
München, Deutschland
E-Mail: info@milena-hardt.de

© Springer Fachmedien Wiesbaden GmbH, ein Teil von
Springer Nature 2019
S. Wachtel und S. Etzel (Hrsg.), *Jeder kann wirken*,
https://doi.org/10.1007/978-3-658-20123-4_8

Zusammenfassung Wir alle kennen Menschen, denen wir gerne zuhören und andere, bei denen wir unwillkürlich abschalten. Aber was sind die wirklichen Gründe dafür? Erfahrungsgemäß geht es nicht nur um das, was wir sagen, sondern vor allem um die Art, wie wir es sagen. Der Klang unserer Stimme, die Tonhöhe, die Sprechweise sowie unsere Artikulation beeinflussen – meist unbewusst –, wie wir von anderen wahrgenommen werden.

> Wer so spricht, dass er verstanden wird, spricht immer gut (Moliére (1622–1673), eigentlich Jean-Baptiste Poquelin).

Stimme

Jeden Tag bewerten wir unzählige Stimmen in unserem beruflichen und privaten Umfeld. Es gibt Menschen, denen wir gerne zuhören und andere, bei denen wir sofort abschalten müssen. Menschen, die wir als kompetent und glaubwürdig einstufen und andere, deren Argumente wir nicht wirklich ernst nehmen. Das alles entscheidet sich innerhalb von Sekunden, in dem Moment, in dem eine Stimme erstmalig erklingt. Zunächst ganz unabhängig vom Inhalt. Doch warum ist das eigentlich so? Was sind die Gründe dafür? Gibt es stimmliche Kriterien der Überzeugungskraft? Und vor allem die noch wichtigere Frage: Kann ich diese erlernen und bewusst anwenden?

Wenn ein Mensch zu uns spricht, erhalten wir innerhalb weniger Sekunden eine Vielzahl an Informationen. Wir erfahren etwas über die geografische Herkunft der Person, schätzen ihren Bildungsgrad ein, ihre momentane

Abb. 1 Voice Power

Befindlichkeit und ordnen ihr sogar bestimmte Charakter-
eigenschaften zu. Um dies zu transportieren, reicht allein
die Stimme aus, ohne dass wir dazu zusätzlich auf Gestik, Mimik oder Inhalte achten müssten. Stimme und
Sprechweise sind also wichtige Träger von Informationen
(Abb. 1). „Die Stimme lügt nicht" oder auch „Der Ton
macht die Musik", sagt man im Volksmund. Dass die
Stimme wirkt, ist also nichts Neues. Schon Sokrates
wusste, dass die Stimme viel über die individuellen Persön-
lichkeitsmerkmale eines Menschen verrät.

Mittlerweile sind Computer in der Lage, mit ihrer
künstlichen Intelligenz nicht nur Inhalte an sich aus-
zuwerten, wie beispielsweise bei Siri, sondern auch von
vorhandenen Sprachproben Rückschlüsse auf Charakter-
eigenschaften eines Menschen zu ziehen. Stimm-Muster

lassen sich mit hoher Treffsicherheit individuellen Wesens-
zügen zuordnen. Dabei sind viele der Parameter, die ein
Computer auswertet, dieselben, die auch wir Menschen
bei der unbewussten Auswertung beachten.

Der individuellen Stimme wird also eine enorme
Bedeutung beigemessen. Umso erstaunlicher ist es, dass
sich nach wie vor vergleichsweise wenig Menschen wirklich
mit ihrer Stimme und deren Außenwirkung beschäftigen.
Selbst Menschen, die einen Beruf haben, den man ohne
seine Stimme nicht tätigen kann, suchen erst dann einen
Stimmtrainer, Sprecherzieher oder Logopäden auf, wenn
ein Leidensdruck entstanden ist. Wenn die Stimme bereits
dünn und kraftlos klingt, schnell heiser wird oder sie sich
in einem Meeting oder einer Telefonkonferenz stimmlich
nicht durchsetzen können. Viele nehmen das zunächst
jahrelang hin, ohne es zu hinterfragen. So, als ob der Klang
der Stimme und die Art der Sprechweise angeboren wären
und man sich damit abfinden müsse. Doch der Gebrauch
der Stimme ist nicht angeboren, sondern erlernt, ebenso
wie die individuelle Sprechweise. Beides kann durch Training verändert werden.

Kriterien der Sprechwirkung

Für die Wahrnehmung und Bewertung einer stimmlichen
Leistung gibt es klar benennbare Kriterien. Beginnen wir
bei den elementaren Prozessen des Sprechens, den rein
körperlichen Vorgängen, die beim Sprechen ablaufen.
Allen voran die Atmung, Körperhaltung und damit die

Muskelspannung des Körpers. Für viele Menschen ist es zunächst fremd, sich im Stimmtraining intensiver mit den körperlichen Vorgängen auseinanderzusetzen. Um die Betrachtung dieser Vorgänge kommen wir jedoch nicht herum, denn die Stimme entsteht im Körper und kann auch nur dort verändert werden.

Unsere Atmung stellt uns die nötige Luft bereit, die wir für die Stimmgebung benötigen. Durch den Luftstrom beim Ausatmen werden die Stimmlippen im Kehlkopf in Schwingung versetzt. Eine gesunde Atmung ist also die notwendige Grundvoraussetzung für eine gut funktionierende und tragfähige Stimme. Und genau hier haben manche sprecherischen Schwierigkeiten ihren Ursprung.

Hektik, Zeitdruck und permanenter Stress: Es kommt vor allem auf Effektivität und Leistung an. Das Tempo erstreckt sich meist auch bis in unser Privatleben hinein. Wir handeln immer schneller und erledigen immer mehr in immer kürzerer Zeit. Das hat seinen Preis. Denn unsere Atmung hat sich mittlerweile unserer schnelllebigen Welt angepasst. Die meisten Menschen atmen zu flach und in einem viel zu schnellen Rhythmus. Das hat nicht nur Einfluss auf die Lebensqualität, sondern auch eine starke Wirkung auf unsere Stimme.

Denken Sie beispielsweise an eine Sprechsituation vor großem Publikum. Wenn Sie nervös sind, ändert sich Ihre Atmung. Sie wechselt von der Bauchatmung in die Hochatmung. Nicht mehr die Bauchdecke, sondern Ihr Brustkorb hebt und senkt sich. Meist atmen Sie genauso schnell ein wie aus. Was dann mit ihrer Stimme passiert, kennen Sie wahrscheinlich. Sie sprechen Ihren ersten

Satz: Die Stimme klingt leise, brüchig und resonanzarm. Sie verlassen ihre natürliche Stimmlage und die Sprechgeschwindigkeit erhöht sich. Sie machen Pausen an Stellen, an denen es keinen Sinn ergibt, um nur einige Auswirkungen zu nennen. Letztlich sind Sie froh, wenn es vorbei ist und Sie sich wieder setzen können. Die Zuhörer wahrscheinlich auch, denn Ihre Atmungsart und Ihre Spannungsverhältnisse übertragen sich direkt auf den Hörer. Er spiegelt sie sozusagen wider, und wenn es ihm zu unangenehm wird, schaltet er ab.

Atem

Was sich in dieser Situation und im stressigen Alltag abspielt, folgt einem ganz alten biologischen Muster, das im Körper verankert ist. Empfinden wir eine Situation als bedrohlich, schaltet der Körper von der Bauchatmung in die Hochatmung um. Denn damit bereitet er uns auf Angriff oder Verteidigung vor. Sind wir im Dauerstress, sind wir auch dauerhaft in einer flacheren Atmung. Hinzu kommt eine größere Anspannung der Muskulatur, die nachhaltig zu Verspannungen und einer schlechten Körperhaltung führt. Mit hängenden Schultern und einem schlechten Stand kann man nicht die für eine überzeugende Redewirkung notwendige ausgewogene Grundspannung hervorbringen.

Atemqualität ist gleich Stimmqualität. Wie kann also eine Stimme resonanzreich, angenehm und kraftvoll wirken, wenn ihre Grundlage ein flacher Atem ist?

Wie soll sie in einem festen, angespannten Körper Resonanz herstellen? Es ist wie bei einem Musikinstrument: Ist der Klangkörper eingedellt und verengt, kommen keine brauchbaren Töne mehr heraus. Eine klangarme Stimme, die zu dünn und brüchig oder gepresst klingt, kann hier ihren Ursprung haben. Ebenso wie rasch auftretende Heiserkeit und eine überhöhte Stimmlage. Dass ich unter solchen Voraussetzungen kein angenehmes Hörerlebnis zu erwarten habe, ist klar. Von stimmlicher Überzeugungskraft und Glaubwürdigkeit brauchen wir unter diesen Umständen nicht zu sprechen. Das wirklich Gravierende ist, dass bei einem unangenehmen Stimmklang auch große Teile der Inhalte des Gesagten verloren gehen. Die Botschaften werden nicht gehört, weil der Zuhörer automatisch abschaltet. Sprechen ist jedoch von jeher auf die Übermittlung von Informationen ausgerichtet. Wenn diese jetzt aber aufgrund des Stimmklangs nicht mehr beim Gegenüber ankommen, geht der Sinn verloren.

Besserer Umgang mit der Stimme

Wir können nicht immer unsere Lebensumstände komplett umkrempeln, aber wir können Bewusstsein in unseren Atemvorgang bringen. Wenige kurze wirkliche Atem-Pausen auf den Tag verteilt, bringen bereits eine spürbare Veränderung mit sich.

Übung I

Setzen Sie sich aufrecht hin und legen Sie beide Hände auf den Bauch, in Höhe des Bauchnabels. Beobachten Sie Ihre Atembewegung unter den Händen und lenken Sie Ihre Aufmerksamkeit in diesen Bereich, bis Sie eine deutliche Bewegung wahrnehmen können. Beim Einatmen dehnt sich der Bauch aus und wölbt sich leicht nach vorne. Beim Ausatmen flacht der Bauch wieder ab. Können Sie hier nichts wahrnehmen, sollten Sie diese Übung besonders häufig ausführen. Die kleinste Bewegung, die Sie irgendwann erspüren werden, ist ein Erfolg (Coblenzer und Muhar 2002).

Ebenso lohnen sich aktive oder passive Entspannungsübungen während des Tages oder vor einem Auftritt, um die Muskelspannung insgesamt zu reduzieren. Hier empfehlen sich Klassiker wie beispielsweise die Progressive Muskelentspannung nach Jacobson oder Autogenes Training.

Die Beruhigung des Atems und die Reduzierung der Muskelspannung sind auch wichtige Komponenten, die dabei helfen, Lampenfieber in den Griff zu bekommen. Beides reduziert natürlich auch die hörbaren Signale wie die erwähnte überhöhte Stimmlage oder eine brüchige Stimme. Ebenso verschwinden in der Regel Übersprungshandlungen, die der Körper ausführt, weil er während eines Auftritts Adrenalin abbauen will: Ein Oberkörper, der hin und her schwankt wie auf der Schiffsschaukel, der Kugelschreiber oder Presenter, der zappelnd von einer Hand in die andere wandert, oder die Stichwortkarten, die unbewusst geknetet oder gefaltet werden. Diese Handlungen muss der Körper erfahrungsgemäß nicht mehr ausführen, wenn die Atmung beruhigt ist und die Muskelspannung vorab reduziert wurde.

Die Bewertung des Stimmklangs bezieht sich zum Teil auf die Bewertung der natürlichen Stimmlage. Jeder Mensch verfügt tatsächlich über eine *natürliche Stimmlage,* die mit den individuellen Größenverhältnissen des Kehlkopfes zu tun hat. In diesem Tonhöhenbereich lässt es sich ohne Anstrengung dauerhaft gut und entspannt sprechen. Wenn jemand in „seinem" Bereich spricht, sprechen wir im Deutschen vom „Brustton der Überzeugung". Wir alle haben feine Antennen dafür, wenn eine Person außerhalb dieser Stimmlage spricht. Der Mensch wirkt dann nicht authentisch. Wenn Ihre Beiträge in einem Meeting nicht gehört werden, kann das einfach auch an Ihrer Stimmlage liegen. Das Zuhören ist erschwert, da sich der Kehlkopfbereich des Zuhörers mit verspannt. Dies ist bereits auch eine der Erklärungen, warum wir diesen Tonlagenbereich überhaupt verlassen: Eine hohe Sprechbelastung und Stress im Alltag führen zu einer stärkeren Muskelspannung. Der Hals und Nackenbereich sind beispielsweise angespannt und damit auch die Muskulatur im Kehlkopfbereich. Denn selbst die Stimmlippen verfügen hier jeweils über einen eigenen Muskel. Hinzu kommt das zuvor beschriebene Phänomen der flachen Atmung, und schon sind wir bei einer überhöhten Stimmlage gelandet.

Viele Menschen verlassen gewohnheitsmäßig ihre natürliche Stimmlage. Das ist zum einen dem Dauerstress geschuldet, kann aber auch mit einem bestimmten Rollenverständnis zu tun haben. Ein Top-Manager oder Chefarzt möchte in einer tiefen Stimmlage zu seinen Mitarbeitern sprechen, weil er zum Beispiel davon überzeugt ist, das eine tiefere Stimme kompetenter klingt. Dann kann es sein, dass er die Stimme etwas nach unten drückt.

Will jemand allerdings unbewusst signalisieren, dass er harmlos ist und sich eher in der Hierarchie etwas unterordnet, geht die Stimmlage erfahrungsgemäß nach oben. Für die sensible Kehlkopfmuskulatur und die Stimmlippen ist beides auf Dauer sehr anstrengend und führt häufig zu Stimmstörungen.

> **Übung II**
>
> In einem Gespräch geben wir normalerweise bestätigende Laute von uns. Ein „mmmhm". Zum Beispiel am Telefon, damit der Gesprächspartner weiß, dass wir ihm wirklich zuhören. Dieses „mmhm" kann man anschließend in der gleichen Tonlage verlängern und zum Beispiel laut Zahlen aufsagen. So findet man einen Bereich an Tönen, in denen man unangestrengt sprechen kann. Auch entspanntes Summen hat einen ähnlichen Effekt (Fiukowski 2010; Froeschels 1952).

Eine überhöhte Stimmlage ist letztlich meist eine Begleiterscheinung der Nervosität. Durch ein Mikrofon, beispielsweise bei einer großen Tagung, fallen stimmliche Veränderungen sogar noch stärker ins Gewicht. Das Mikrofon macht Atemgeräusche deutlicher hörbar und überträgt die Stimme in den ganzen Raum. Sie kennen das vielleicht: Ein Redner beginnt zu sprechen und Sie fühlen sich sofort unwohl. Sie spüren die Nervosität, hören die überhöhte Stimmlage und gegebenenfalls ein Zittern in der Stimme. Sie wollen weg. Es ist fast so, als müssten Sie selbst oben stehen und würden bei Ihrer eigenen Aufregung ertappt werden. Das ist gleichermaßen schade für den Redner und den Inhalt. Denn in den ersten

30 Sekunden entscheidet sich bereits, ob Sie den Sprecher für kompetent halten und ihm Aufmerksamkeit schenken wollen. Ob es sich für Sie lohnt zuzuhören. Bei einer überhöhten Stimmlage und hektischem Atemziehen haben wir keine großen Wahlmöglichkeiten mehr. Wir schweifen ab.

Wenn Sie an Lampenfieber oder Auftrittsstress leiden, müssen Sie sich allerdings nicht damit abfinden. Es gibt bewährte Methoden, mit denen Sie die körperlichen Begleiterscheinungen nachhaltig in den Griff bekommen können. Angefangen von Atem- und Entspannungsübungen bis hin zu mentalen Vorstellungsübungen und natürlich einer guten Vorbereitung gibt es effektive Werkzeuge, die man trainieren kann. Doch sämtliche Methoden sollten nicht erst im Ernstfall zum Einsatz kommen, sondern bereits vorher regelmäßig geübt werden. Ihr Körper kann unter Stress nicht auf etwas zugreifen, das er nicht kennt. So hilft es beispielsweise, wichtige Redesituationen vorher gedanklich positiv durchzuspielen und an eine spürbare Bauchatmung zu koppeln, damit der Körper in der tatsächlichen Situation ruhiger reagiert. Denn nur dadurch stellen Sie sicher, dass Sie Ihre Körperreaktionen im Griff haben und die Zuhörer inhaltlich dabei bleiben. Nur dann kann Ihre Botschaft ankommen.

Artikulation

Ein weiteres Kriterium und Voraussetzung dafür, dass Botschaften überhaupt gehört werden, ist der Grad der Verständlichkeit: die Lautbildung oder Artikulation. Ein Politiker etwa, der den Mund beim Sprechen nicht aufmacht, Endungen verschluckt und Worte unverständlich vor sich hin nuschelt, löst beim Wähler kein Vertrauen aus. Einem Verkäufer, dem die Worte förmlich im Hals stecken bleiben oder der in einem völlig unverständlichen Dialekt spricht, wird man nichts abkaufen wollen. Was nützt der beste Inhalt, wenn er nicht verständlich rübergebracht wird? Nuschelt jemand hastig vor sich hin, unterstellt man in der Regel mangelndes Engagement, Desinteresse oder sogar Überheblichkeit. Denn dem Redner scheint es nicht wichtig zu sein, dass sein Gegenüber etwas versteht.

> Achten Sie auf die Bedeutung ihrer Artikulationsorgane fürs erfolgreiche Kommunizieren.

Wir sprechen vorrangig mit dem Kiefer, der Öffnungsgrad spielt bei der Vokalqualität eine entscheidende Rolle, den Lippen und natürlich der Zunge. Versuchen Sie mal, ohne Zunge zu sprechen. Es ist nicht möglich. Allein die Zunge verfügt über zahlreiche Muskeln. Diese Muskeln kann und sollte man regelmäßig trainieren, damit sie flexibel sind und damit die Abläufe der Lautbildung geschmeidig ablaufen. Je trainierter die Muskeln von Zunge, Lippen und Kiefer sind, desto deutlicher und präsenter sprechen wir. In der vernetzten Arbeitswelt fällt diese Fähigkeit noch wesentlich stärker ins Gewicht, denn immer dann, wenn die persönliche Interaktion wegfällt, wie es beispielsweise in Online Meetings der Fall ist, bleibt eben nur die Stimme, um zu überzeugen. Hier machen wir uns ein Bild unseres Gegenübers *allein* aufgrund der Sprechweise.

Übung III

Stimmliche Präsenz und Deutlichkeit Machen Sie den Test! Nehmen Sie sich beispielsweise mit dem Aufnahmegerät Ihres Handys auf. Lesen Sie einen kurzen Zeitungsartikel laut vor. Anschließend machen Sie folgende Übungen:

Kiefer Gähnen Sie mehrmals hintereinander herzhaft. Dabei weitet sich der Kiefer. Legen Sie auf beiden Seiten einen Finger auf Ihr Kiefergelenk und massieren Sie es mit kreisenden Bewegungen und einem sanften Druck. Dabei können Sie den Mund immer wieder leicht öffnen und schließen.

Lippen Formen Sie Ihre Lippen zu einem spitzen Kussmund und ziehen Sie die Lippen anschließend breit auseinander. Im Wechsel. Steigern Sie die Geschwindigkeit.
Flattern Sie mit den Lippen wie ein schnaubendes Pferd.

Zunge Tippen Sie bei leicht geöffnetem Mund mit der Zungenspitze jeden Zahn einzeln an. Im Oberkiefer berühren Sie mit der Zungenspitze die äußeren Zähne, im Unterkiefer die Zahninnenseiten. Starten Sie im Uhrzeigersinn und wechseln Sie die Richtung mehrmals. Kreisen Sie mit der Zunge im Uhrzeigersinn an der Außenseite Ihrer Zähne entlang, bei leicht geöffnetem Mund. Wechseln Sie die Richtung mehrmals.
    Nach den Übungen nehmen Sie den gleichen Text nochmal auf und vergleichen beide Aufnahmen hinsichtlich ihrer Deutlichkeit. Sie werden vermutlich überrascht sein (Fiukowski 2010; Kittel 2011).

Einige Artikulationsübungen erscheinen zunächst merkwürdig oder erzeugen Heiterkeit. Zugegebenermaßen sind sie nicht salonfähig. Dafür aber höchst effektiv.

Sprechweise

Wenn Sie sich mit Ihren Argumenten kein Gehör verschaffen, kann das an Ihrer Sprechweise liegen. Denn diese
spielt eine entscheidende Rolle in Bezug auf die Überzeugungskraft einer Aussage. Zum Beispiel: Die simple
Tatsache, dass Sie nicht auf Punkt sprechen, sondern am
Ende eines Satzes gewohnheitsmäßig mit der Tonhöhe
nach oben gehen, vermittelt Ihrem Gegenüber, dass es sich
bei diesem Argument eher um eine Frage handelt als um
einen Fakt. Möglicherweise zweifelt er dann an, was Sie
sagen, seien Ihre Argumente auch noch so gut.

Wenn wir ein Schriftstück vor uns liegen haben, ist
das in der Regel grafisch aufbereitet und unterteilt. Mittel dafür sind bekanntermaßen zum Beispiel Satzzeichen,
Abschnitte, Fettdruck und Überschriften. Und das vor
allem, um dem Leser die Inhalte verständlicher zu machen
und optisch in eine ansprechende Ordnung zu bringen.
Weil es sonst keiner lesen könnte oder wollte. Als Redner müssen wir diese Ordnung und Verständlichkeit
durch unsere Sprechweise vermitteln. Abschnitte sind Pausen, die ich bewusst einbaue, Fettdruck verdeutliche ich
durch mehr Lautstärke und die Wichtigkeit eines Satzes
oder Satzteils kann ich durch die Redegeschwindigkeit
veranschaulichen. Wichtiges spreche ich langsamer als
Unwichtiges. Das ist eine Art auditives Layout, das ich
hörbar machen muss. Beachtet ein Redner diese Prinzipien beim Sprechen nicht, ist der Hörer orientierungslos
und schaltet lieber ab, da er sonst die Struktur als Eigen-
leistung erbringen müsste. Denn bevor er selbst über den
Sinn oder das mögliche Ende eines Satzes nachdenkt, was

durchaus Konzentration erfordert, widmet er sich anderen Gedankengängen, die einfacher sind. Achten Sie einmal darauf, wie viele Menschen in Ihrem Umfeld es sich angewöhnt haben, am Ende eines Satzes nach oben zu gehen und welche Wirkung das auf Sie hat. Diese Sprechweise ist angelernt und kann somit auch verändert werden.

Eine lebendige Sprechweise wird generell von den Zuhörern als angenehmer empfunden und die Inhalte können leichter behalten werden. Lebendig heißt, es gibt einen Wechsel der Parameter Lautstärke, Geschwindigkeit, Intonation und Pausen. Natürlich spielt hierbei die Klangfarbe auch eine wesentliche Rolle, also die aktuelle Befindlichkeit des Redners. Die Stimmung drückt sich sozusagen unmittelbar in der Stimme und Sprechweise aus. Will jemand andere motivieren und für eine Sache begeistern, muss er selbst Begeisterung mit Körper und Stimme ausdrücken. Ebenso gibt es einen Zusammenhang zwischen Gestik und Sprechweise. Eine natürliche Gestik, die lebendig das unterstreicht, was ein Sprecher sagt, führt eher zu einer lebendigen Sprechweise. Hände und Arme, die steif zusammengekrampft werden, fest auf einem Tisch oder Pult aufliegen oder gar in der Hosentasche stecken, hemmen den natürlichen Sprechfluss und unterstützen eine monotonere Sprechweise.

Übung IV

Üben Sie regelmäßig in einer entspannten Situation, mit der Tonhöhe am Ende eines Satzes nach unten zu gehen, also auf Punkt zu sprechen. Wenn Sie das regelmäßig trainieren, wird es irgendwann automatisch in Ihre Alltagssprache übergehen (Fiukowski 2010).

Sprachstil

Seit 2016 verleiht die TU Dresden gemeinsam mit „The Leading Coaches of the World" einen Award für den besten Auftritt eines Spitzenmanagers. Der Nominierung geht eine Studie voraus, die die Auftritte unter den Kriterien der rhetorischen Wirkungsforschung analysiert. Kein Top Manager, keine Führungskraft kann es sich mittlerweile leisten, unverständlich oder gar abgehoben zu kommunizieren. Kommunikationsfähigkeit gilt als Schlüsselkompetenz. Eine starke Präsenz und grundlegende kommunikative Fähigkeiten sind entscheidend, denn eine Führungskraft muss überzeugen können. Sie braucht nicht nur die Fachkompetenz für eine wichtige Entscheidung, sondern muss gleichzeitig vermitteln, dass diese Entscheidung zum Ziel führen wird, und zwar zum Wohle aller.

Doch letztlich ist ein klarer Sprachstil für alle Situationen des Redens und des Antwortens wichtig. Mit einem eindeutigen, verständlichen Sprachstil können wir überzeugender sprechen. Kurze Sätze sind besser verständlich als lange Schachtelsätze. Fachtermini, die dem Hörer nicht bekannt sind, erschweren das Zuhören und vermindern die Verständlichkeit. Abstrakte Begriffe sollten weitgehend vermieden oder zumindest minimiert werden. Und aktive Verben sind Passivkonstruktionen eindeutig vorzuziehen.

Übung V

Machen Sie den Test: Erklären Sie Ihrem Kind oder einem Laien einen Fachbegriff in einem einfachen Sprachstil und lassen Sie sich eine Rückmeldung geben, ob Sie verstanden wurden.

Intention und innere Haltung

Wer nicht weiß, warum er eigentlich vorne steht und was er mit seiner Rede bezwecken will, dessen Körper zeigt es auch nicht. Auch erkennt der Zuhörer sofort, ob jemand gerne vorne steht oder am liebsten fliehen würde. Es kommt zu einer uneindeutigen Aussage, beispielsweise einem unkontrollierten Vorwärts- oder Rückwärtsgang oder einem hektischen Wechsel vom Standbein aufs Spielbein, um nur zwei Beispiele zu nennen. Da die Stimme im Körper entsteht, sind die Auswirkungen eines unentschlossenen Auftritts natürlich auch hörbar. Ein unsicherer Stand hat einen Einfluss auf die muskuläre Spannung und somit auch auf die Atmungsfunktion. Da Stimmqualität nur bei Atemqualität entsteht, kann die Stimme in einer unstabilen Körperhaltung nicht fest und stabil klingen. Auch die Resonanzräume sind dadurch deutlich vermindert. Auf der Ebene der Sprechweise hat das Auswirkungen. Die Sprechgeschwindigkeit steigt. Es fehlen die Hauptbetonungen, die einem Satz den nötigen Sinn verleihen, Sätze werden verschachtelt und am Ende nicht hörbar abgeschlossen oder es gibt keine bewusste Pausensetzung und in Folge eine Anhäufung an Füllwörtern. Eine klare gedankliche Struktur und eine eindeutige Intention beeinflussen die Ebene der Sprechweise und des Sprachstils. Das Sprechen fängt also beim Denken an.

Wer die Werkzeuge einer überzeugenden Stimme und Sprechweise kennt und bewusst einsetzt, ist im Vorteil. Denn die Stimme ist immer noch unser wichtigstes

Kommunikationsmittel. Auch im digitalen Zeitalter. Ob unsere Botschaft beim anderen ankommt, darüber entscheidet die Art und Weise, wie wir sprechen.

Sprechen Sie im Brustton der Überzeugung

Milena Hardt hat die Stimme und ihre Wirkung zum Beruf gemacht. Sie arbeitet als Kommunikationstrainerin, Sängerin und Profisprecherin. Sie hat ein Schauspielstudium absolviert sowie Sprechwissenschaft und Sprecherziehung studiert. All das befähigt sie, andere darin zu trainieren, wie sie mit ihrer Stimme optimal wirken können.

1. Ihre Stimme ist nicht einfach „wie sie ist". Sie können die Wirkung Ihrer Stimme durch gezieltes Training verändern.
2. Öfter mal tief durchatmen: Es ist der Atem, der Ihre Stimme trägt. Machen Sie tagsüber immer wieder kleine Atempausen, in denen Sie bewusst in den Bauch atmen.
3. Finden Sie Ihre natürliche Stimmlage, zum Beispiel durch entspanntes Summen. Denn ob die Stimme unbewusst „in die Höhe geschraubt" oder absichtlich nach unten gedrückt wird – beides ist für Ihre Stimme nicht nur schädlich sondern hindert Sie auch daran, Ihre volle stimmliche Wirkung zu entfalten.
4. Sprechen Sie deutlich, öffnen Sie vor allem auch Ihren Kiefer beim Sprechen. Wie wollen Sie wirken, wenn Sie nicht verstanden werden? Wenn das deutliche Sprechen Sie anstrengt, liegt das meist am fehlenden Artikulationstraining.
5. Sprechen Sie auf Punkt! Gehen Sie am Ende eines Satzes mit der Tonhöhe nach unten um Ihrer Aussage Nachdruck zu verleihen.
6. Nehmen Sie bewusst die Haltung ein, die Sie mit Ihrer Stimme vermitteln wollen. Denn Ihre Stimme drückt immer auch Ihre innere Einstellung aus.

Literatur

Coblenzer H, Muhar F (2002) Atem und Stimme; Anleitung zum guten Sprechen. öbvhpt, Wien

Fiukowski H (2010) Sprecherzieherisches Elementarbuch. Walter de Gruyter, Berlin

Froeschels E (1952) Die Wesenheit der Kau- und Artikulationsbewegungen. In: Wiener klinische Wochenschrift, Bd. 64. Springer, Wien

Kittel A (2011) Myofunktionelle Therapie. 10. Überarb. Auflage Schulz-Kirchner Verlag, Idstein

Weiterführende Literatur

Allhoff D, Allhoff W (2016) Rhetorik und Kommunikation: Ein Lehr- und Übungsbuch. Reinhardt Verlag, München

Teuchert B (2015) Mündliche Kommunikation lehren und lernen: Facetten der Rhetorik in Schule und Beruf (Sprache und Sprechen Band 47)

Reden heute. Reden überhaupt

Vazrik Bazil

Inhaltsverzeichnis

Zusammenfassung Rede ist auf Wirkung ausgerichtet. Wer redet, will etwas bewirken – auch, wenn der Redeanlass einer Konvention oder einer Amtspflicht geschuldet ist.

V. Bazil (✉)
Dresden, Deutschland
E-Mail: bazil@t-online.de

© Springer Fachmedien Wiesbaden GmbH, ein Teil von
Springer Nature 2019
S. Wachtel und S. Etzel (Hrsg.), *Jeder kann wirken,*
https://doi.org/10.1007/978-3-658-20123-4_9

133

Bewusst oder unbewusst, geplant oder ungeplant vermittelt stets der Redner dem Publikum Informationen zu seinem Thema, und sollten diese gänzlich unerheblich sein und dem Gedächtnis des Publikums rasch entschwinden, so würde sich das Publikum zumindest an die Person des Redners erinnern und daran, ob sie kurzweilig oder langweilig gewirkt hat. Wie wir aber die Wirkung von Reden feststellen, vor allem aber, woraus wir ersehen können, welche Redeelemente – Stimme, Sprache, Gestik und Mimik, Auftritt als Inszenierung – welche Wirkung beim Publikum ausgelöst haben, ist schwierig und oft unmöglich.

> Vielleicht, dass es auf diese Art zuletzt das Zucken einer Oberlippe war oder ein zweideutiges Spiel an der Manschette, was in Frankreich den Umsturz der Ordnung der Dinge bewirkte (Heinrich von Kleist, Über die allmähliche Verfertigung der Gedanken beim Reden).

Rede und Wirkung

Doch ist diese Frage vordringlich. Denn wenn wir die Wirkung nicht kennen, sind wir außerstande, von einer „guten" oder „schlechten" Rede überhaupt zu sprechen. „Gut" oder „schlecht" sind Bewertungen, die nur mit Blick auf jene Wirkungen Sinn ergeben, die der Redner sich als „Ziel" gesteckt hat. „Erfolg" – wollte man dieses Wort als sinnverwandt mit „gut" gebrauchen – ist eben die Übereinstimmung von „Ziel" und „Wirkung". Deshalb dürfen wir uns füglich darüber wundern, wie Menschen nach einer Rede gleich jauchzen: „Eine tolle Rede". Oder das Gegenteil (Abb. 1).

Abb. 1   Reden wirkt immer – nur wie?

Die Rhetorik hält Kunstgriffe bereit, die es wahrscheinlicher machen, dass eine Rede eher gelingt als misslingt. Eine Garantie dafür bieten diese aber nicht. Es gehört inzwischen zum Allgemeinwissen, dass kurze Sätze besser sind als lange, dass eine konkrete Sprache besser ist als eine abstrakte, dass eine verbale Ausdrucksweise besser ist als eine nominale usw. Wer diese Regeln beherzigt, ist auf dem richtigen Wege, aber längst nicht am Ziel, zumal es durchaus Beispiele von Rednern gibt, die ihre Ziele erreicht haben, ohne diesen Weg vollständig beschritten zu haben. Der frühere bayerische Ministerpräsident, Franz Joseph Strauß, legte zum Beispiel keinen Wert auf kurze Sätze, sondern eher auf lange Perioden.

Regeln zu beachten oder zu übergehen gilt gleichermaßen für den Einsatz von Stimme, Mimik, Gestik und jede Menge andere für Auftritt und Inszenierung wichtige Aspekte – Licht, Raumhöhe, Bühnenbild, Bestuhlung usw. An dieser Aufzählung sind bereits jene Größen erkennbar, welche die Eindrücke prägen, die sich das Publikum von Rede und Redner bildet. Hinzu kommen noch Vorwissen über das Thema, Vorurteile gegenüber dem Redner oder Anlass, Ort, Raum, Zeit, Stimmung im Saal usw. Noch wichtiger aber ist die Art der Wahrnehmung, nämlich, ob die Rede unmittelbar vor Ort erlebt wird oder nur vermittelt durch Rundfunk, Fernsehen oder Internet dem Publikum zugänglich ist.

Diese Größen zu isolieren und ihrer jeweiligen Wirkung zuzuordnen, ist ein schwieriges, um nicht zu sagen unmögliches Unterfangen, zumal Organisationen weitere Kommunikationsinstrumente im Sinne von „integrierter Kommunikation" einsetzen – Pressemitteilungen, Broschüren, Webseiten, soziale Medien, Filme, Anzeigen, Werbung usw. –, um auf verschiedenen Kanälen identische Botschaften zeitlich und formal koordiniert zu versenden. Vorzugsweise kommen diese Botschaften auch in den Reden der Führungskräfte vor, damit diese Inhalte – das ist die Hoffnung und bisweilen auch die Zuversicht der Kommunikationsleute – bei den angepeilten Zielgruppen nachhallen und nachhalten. Eindeutige Zuordnungen von Medium und Wirkung sind fast unmöglich.

> Der Mensch hat sich nie voll im Griff; er entgleitet sich selbst. Deshalb bleibt Rhetorik immer ein Abenteuer.

Die Lage ist aber noch vertrackter, als die vorerwähnten Punkte es uns nahelegen. Erstens ist das Publikum heute selten nur die Ansammlung derer, die im Saal sitzen und dem Redner zuhören. Internet, Fernsehen, Rundfunk, Zeitungen machen eine Rede einem viel breiteren Publikum zugänglich, das nicht im Saal sitzt, sondern vor einem Gerät; zweitens übertragen diese Medien selten Reden in voller Länge, sondern nur „Schnipsel" aus ihnen – einige prägnante oder erheiternde Sätze-, und drittens sind diese Sätze – anders als die Rede im Saal – stets garniert mit Kommentaren, und in den sozialen Netzen sogar teils mit schwungvollen, weshalb der Eindruck, den Hörer oder Leser von einer vollen Rede oder einer Schnipsel-Rede erhalten, bereits getönt, gefärbt und vorgekostet ist.

Was folgt daraus? Die eine und dieselbe Rede wirkt völlig anders auf verschiedenen Wegen – direkt im Saal und indirekt durch Medien, kommentiert und diskutiert. Dabei geht es keineswegs um eine Geschmacksfrage einzelner Menschen, sondern darum, dass Redner einen anderen Eindruck hinterlassen, wenn sie das Publikum von Antlitz zu Antlitz anreden und einen anderen, wenn sie vermittelt, zum Beispiel über Livestream, wahrgenommen werden. Der Hang der Politiker, im Wahlkampf so viel wie möglich „Hände zu schütteln", hat einen tiefen Grund. Ein rein virtueller Wahlkampf ist schwer vorstellbar. Also welche Rede ist nun die wahre? Wie sollten Rednerinnen und Redner eingedenk dieser verschachtelten Lage Reden entwerfen und halten?

Rede und Ziele

Was können die Ziele einer Rede überhaupt sein? Letztlich handelt es sich, wie bei jeder kommunikativen Aktion, um folgende vier allgemeine Ziele:

* Informieren
* Meinungen festigen bzw. ändern
* Einstellungen festigen bzw. ändern
* Verhaltensweisen festigen bzw. ändern

Diese vier Ziele folgen nicht notwendig aufeinander. Wer Verhalten ändern will, muss zuvor keine Einstellung oder seine Meinung ändern. Man erreicht diese Ziele auch unabhängig voneinander. Für Reden und deren Wirkung gilt grundsätzlich: Je größer der zeitliche Abstand zwischen einer Rede und einer wie auch immer festzustellenden Veränderung, umso geringer die Wahrscheinlichkeit, dass die Rede allein diese bewirkt hat. Aber je kürzer der zeitliche Abstand zwischen einer Rede und einer Handlung, wie zum Beispiel einer Abstimmung, umso höher ist die Wahrscheinlichkeit, dass dieses Verhalten auf die zuvor gehaltene Rede zurückgeht. Solche Fälle treten allerdings selten ein. In der Regel begnügen sich die meisten Redeanlässe mit „Impulsen" ohne sichtbare und hörbare Veränderungen in Meinung, Einstellung oder Verhalten. Wären solche Veränderungen auch erkennbar, wüsste man immer noch nicht, wie lange sie anhielten – nur solange, bis das Publikum im Saal ist? Zwei Tage? Einen Monat? Je länger, desto „überzeugender", je kürzer, desto „überredender".

Der Applaus, dessen Stärke und Dauer eine nahezu betäubende Wirkung auf Redner hat, signalisiert durchaus Zustimmung, Wohlwollen, Sympathie, doch als ein Zeichen von Meinungsänderung oder Verhaltensänderung kann er nicht gelten – weiß das Publikum ein paar Tage später noch, was die Rednerin oder der Redner gesagt hat? Ist das, woran es sich erinnert, zum Beispiel einen Witz oder eine Geschichte, der Kern der Rede oder nur eine randständige Notiz, die zwar den Inhalt stützen, ihn aber keineswegs ersetzen sollte? Werbeleute sprechen hier vom „Vampir-Effekt": An den Witz in der Werbung erinnert man sich, nicht mehr aber an das Produkt, das beworben wurde!

Ähnliches gilt für Pressemeldungen. Es laben sich Redner und Pressesprecher daran, wenn Medien einen Satz aus der Rede erwähnen und kommentieren – sei es positiv und negativ. Schließlich sind schlechte Nachrichten auch gute Nachrichten! Die Freude ist berechtigt, nur man kann auch hier nie sicher sein, ob die für den Redner entscheidenden Sätze angeführt werden oder zweitrangige, und ob diese Zitate auch von den eigentlichen Zielgruppen gelesen und inhaliert werden oder von anderen.

Nicht selten kommt die Ansicht auf, Reden bräuchten überhaupt keine Botschaft zu haben und wenn ja, dann doch eine einzige – den Redner selbst. Nicht bloß „the medium is the message", sondern auch „the speaker is the message". Wenn das Publikum den Redner als sympathisch empfindet, sei das Ziel der Rede schon erreicht – man nehme sympathischen Menschen sowieso vieles ab, auch deren Meinung. Und diese Ansicht habe zudem noch den unschlagbaren Vorteil, dass man die Wirkung ziemlich rasch feststellen könne – eine kurze Umfrage und man wisse schon, ob der Redner sympathisch sei oder nicht.

Jede Rednerin und jeder Redner will sympathisch erscheinen, und ja, es ist auch wahr, dass sympathische Menschen überzeugender sind als antipathische. Bei sympathischen drückt man ein Auge zu, wenn sie schwächeln und wackeln; aus Elefanten macht man Mücken; bei antipathischen will man unbedingt ein Härchen im Eigelb finden; man beckmessert und bekrittelt gern; aus Mücken macht man Elefanten. Aber Führungskräfte, die Entscheidungen treffen, Stellungen beziehen und sich öffentlich erklären müssen, sind angehalten, etwas zu sagen, etwas, das mehr ist als nur der Drang, „bella figura" machen zu müssen. Vergäßen sie diese Binsenweisheit, wäre der Sprung ziemlich kurz zu „brutta figura".

Redner und Publikum

Es ist vernünftig, wenn Redner die sachliche und persönliche Ebene nicht voneinander trennen, weil jede Kommunikation, jede Rede ein Zeichen ist, welches auf einen Inhalt und auf die Person des Redners zugleich verweist und über diese auf die Organisation, die sie vertritt oder der sie vorsteht – sprich und ich sage, wer du bist.

Wer allerdings meint, dass unsere auf Unterhaltung und Schau eingestellte Gesellschaft bereit ist, langfristig auf Inhalte zu verzichten, täuscht sich. Genauso täuscht sich, wer der Auffassung ist, man könne jeden Mist,

Hauptsache gut verpackt, verkaufen. Kurzfristig mag diese Rechnung aufgehen, langfristig tappt man selber in diese Falle hinein, die man anderen zu stellen meint. Auch wenn es schwer ist, Wirkungen festzustellen, sie gar zu messen, behalten Inhalte ihre Bedeutung. Und sie beeinflussen die Wahrnehmung des Publikums von der Person des Redners. Umgekehrt prägt die Erscheinung des Redners die Inhalte, die er vorträgt. Menschen sind keine „tabulae rasae". Die kleinsten Informationen können die größte Hebelwirkung haben: Weiß das Publikum nur, ohne den Redner je gesehen oder gehört zu haben, dass er „jung" ist, stellt es andere Erwartungen an ihn als an einen älteren; an einen „Vorstandsvorsitzenden eines Konzerns" wieder andere als an den „Geschäftsführer eines mittelständischen Betriebs"; an einen „Amerikaner" andere als an einen „Franzosen" usw. Aus diesem Grund sind Wahrnehmungen aktive Vorgänge und keine, wie man es auf den ersten Blick vermuten möchte, passive und erleidende.

Damit der Nährboden für eine „gute" Rede bereitet ist, wollen Rednerinnen und Redner also berechtigterweise sympathisch erscheinen. Weitere Eindrücke, die sie auf das Publikum hinterlassen wollen, sind, je nach Beruf und Organisation, „Kompetenz", „Vertrauenswürdigkeit", „Bescheidenheit", „Humor", „Attraktivität" usw. Wie man nun auf die Entstehung dieser Eindrücke Einfluss nehmen kann, heißt „Impression Management".

Impression Management

Der Begriff *impression management* stammt vom Sozio-
logen Erving Goffman und meint die Kunst der Selbstdarstellung: den Eindruck steuern. An sich nichts Neues.
„Theatrum Mundi" hat man in Renaissance und Barock
die menschliche Gesellschaft genannt. Die Theorie
dazu beschreibt den Versuch von Personen oder Institutionen, den Eindruck, den sie auf andere machen,
zu steuern. Denn ein gutes Image und eine gelungene
Selbstdarstellung sind die Grundlage für materielle und
immaterielle Erfolge wie Ansehen, Ruf oder Glaubwürdigkeit. Auch Organisationen bedienen sich dieser Techniken,
um ein Image aufzubauen (vgl. Kap. „Glaubwürdigkeit").
Das Konzept „Corporate Identity" baut auf dem
Impression Management auf. Titel, Statussymbole
(Auto, Wohngegend, Urlaubsort usw.), Kleider, Berufs-
bezeichnung bis hin zu Autobiografien und selbst
verfassten Nachrufen sind Mittel des Impression Managements, die im Alltag bewusst oder unbewusst, geplant
oder zufällig, eingesetzt werden.

> Alles hat heutzutage seinen Gipfel erreicht, aber die Kunst,
> sich geltend zu machen, den höchsten (Baltasar Gracian,
> „Handorakel" [17. Jahrhundert]).

Die Erkenntnis des Jesuitenpaters Baltasar Gracian war
damals genau so richtig, wie sie es heute ist. Und die
Rede ist das wirkungsvollste Instrument des Impression
Managements. Dabei sind die Wahl des Themas, des

Anlasses, des Ortes, der Zeit ebenso entscheidend wie die sprachlichen Strategien innerhalb der Rede selbst. Wer sagt „Ich will jedenfalls alles tun, damit ein Wahlkampf ein Wettbewerb um Entwürfe und um Ideen ist und nicht ein Kampf gegen Personen" versucht, sich als Vorbild darzustellen, als einen sachlich orientierten Politiker, aber dieser Satz kann auch als typische Politikerlüge gedeutet werden, weil es den Politikern doch letztlich um Macht gehe. Wer sagt: „Möglicherweise war die äußerste Beanspruchung terminlicher und arbeitsmäßiger Art, der ich im Februar und März unterlag, ein Grund für eine nicht hinreichende Aufmerksamkeit", will sich rechtfertigen, läuft aber Gefahr, den Eindruck eines verantwortungslosen Menschen zu hinterlassen, der in Ausreden flüchtet.

Die Beispiele zeigen, wie Äußerungen immer über sich selbst hinaus auf das Ungesagte, Unausgesprochene verweisen. Man sagt mehr als das, was man meint. Dieses „mehr" ist der Raum von Interpretationen und birgt auch Risiko-Eindrücke. Deshalb ist es entscheidend, dass Rednerinnen und Redner, die das Instrument der Rede zum Imageaufbau nutzen, zunächst ein *Selbstkonzept* entwickeln, das erstens die Eindrücke festlegt, die sie beim Publikum hinterlassen wollen, zweitens die entsprechenden Risiko-Eindrücke feststellt und drittens sprachliche Möglichkeiten enthält, wie man die beabsichtigten Eindrücke erwecken kann.

Heute kommen zwei Empfehlungen hinzu: Wir sind mehr denn je im virtuellen Raum und in den sozialen Medien unterwegs und von Schnipsel-Reden umgeben. Umso mehr sollten wir die Angesicht-zu-Angesicht-Rede

pflegen, in der nicht mehr kurze Statements und markt-
schreierische Sätze hinausposaunt werden, die wir sowieso
in Pressemitteilungen, Pressekonferenzen und anderswo
tätigen, sondern in der Sachverhalte und Zusammenhänge
beleuchtet werden. Komplexität reduziert man nicht nur
mit Effekten und Affekten. Räume, in denen Substanz
geboten wird, sind heute gefragt. Wer wirken will, muss
auffallen: Wenn alle anderen ihre Präsentationen mit
PowerPoint zeigen, wirken Pappe und Filzschrift frisch;
wenn alle Veranstaltungen groß sein müssen, bekommen
kleinere Formate neue Chancen, und wenn wir unaus-
gesetzt Slogans hören, wollen wir wieder Reden, die Sachverhalte und Zusammenhänge erklären. Der Redner muss
in der digitalisierten und digitalisierenden, in der kurz-
atmigen und abgekürzten Welt auch ein „Erklärer" sein.

Wir wollen die anderen „dort abholen, wo sie sind" – so
eine gängige Überzeugung. Aber die Gefahr ist groß, dass
wir selber dort stecken bleiben. Umso mehr gilt der Vor-
schlag von Botho Strauß, den er vor einigen Jahren schon
in den Feuilletons verlauten ließ: Man müsse die Menschen
anziehen, um eine Dynamik in ihnen auszulösen. Vielleicht funktioniert Redewirkung nur so: Redner können
überhaupt niemanden überzeugen; sie stellen im besten
Fall die Mittel bereit – Sprachgebilde und Argumente –
kraft derer die Menschen sich selbst überzeugen. In diesem
Sinne sind Redner „Psych-agogen", wie die alte Rhetorik
den Redner zu bezeichnen pflegte, „Leiter von Seelen". In
einem Wort: Führungskräfte.

Rede. Wirkung. Redewirkung

Manchem scheint es in die Wiege gelegt, viele tun sich schwer damit und einige müssen es noch lernen: eine gute Rede halten. Vazrik Bazil ist Vortragsredner, Kommunikationsberater und Redenschreiber. Er ist daran gewöhnt, Reden für professionelle Redner zu schreiben. Er macht das schon lange – und sein Beruf hat sich verändert, vor allem durch die neuen Medien, aber auch durch die Anglifizierung des Auftretens. Für viele ist die Bühnenwirkung der Inbegriff der Auftrittswirkung. Und Vazrik Bazil ist der Experte darin, diese zu optimieren.

1. Wo immer Sie reden, wo immer Sie auftreten, denken Sie bei Ihren Äußerungen und Ihrem Äußeren auch ans Foto, ans Video, an die mediale Verbreitung. Sie müssen nicht mehr nur vor Ort begeistern, sondern auch in den sozialen Medien bestehen.
2. Ihre Rede hat ein Ziel. Machen Sie etwas aus Ihren Möglichkeiten: Nutzen Sie die doppelte Chance für Ihre Botschaft und Ihr Image.
3. Überlegen Sie sich gut, welchen Eindruck Sie beim jeweiligen Anlass machen wollen. Stimmen Sie Ihren Auftritt und den Inhalt Ihrer Rede aufeinander ab. Denn es geht immer um beides: Sympathien gewinnen und Botschaften ‚rüberbringen‘.
4. Nehmen Sie deshalb die Vorbereitung und Nachbereitung äußerst ernst. Mit einer Rede ein großes Publikum zu begeistern kann Freude machen und befriedigt auch das Geltungsbedürfnis. Aber um Eindruck zu schinden, müssen Sie bei der Vorbereitung gute Arbeit leisten.
5. Bedenken Sie, dass jede, insbesondere jede rechtfertigende, Aussage implizit ihr Gegenteil mitschwingen lässt oder überhaupt erst beim Zuhörer hervorruft – und fangen Sie diesen Effekt bewusst mit ab.
6. *Merke:* Beredsamkeit ist Persönlichkeitsbildung und nicht bloß eine Ansammlung von Tipps und Tricks. Körperbeherrschung, Menschenkenntnis, Sprachsinn gehören dazu.

Weiterführende Literatur

Bazil V (2005) Impression Management: Sprachliche Strategien für Reden und Vorträge. Springer Gabler, Wiesbaden

Bentele G, Piwinger M, Schönborn G. (Hrsg) (2001) Kommunikationsmanagement. Luchterhand, Neuwied

Buß E, Fink-Heuberger U (2000) Image Management: Wie Sie ihr Image-Kapital erhöhen! Erfolgsregeln für das öffentliche Ansehen von Unternehmen, Parteien und Organisationen. F.A.Z. Institut, Frankfurt

Piwinger M, Bazil V (2009) Impression Management. Über Sein und Schein. In: Kommunikationsmanagement. Luchterhand, Neuwied

Piwinger M, Bazil V (2014) Impression Management: Identitätskonzepte und Selbstdarstellung in der Wirtschaft. In: Zerfaß A, Piwinger M (Hrsg) Handbuch Unternehmenskommunikation. Springer Gabler, Wiesbaden

Snyder M (1981) Impression management: The self in social intraction. In: Wrightsman L-S, Deaux K (Hrsg) Social psychology in the eighties. Books/Cole, Monterey

When two worlds collide.
Babyboomer vs. Generation Y

Stefanie Etzel

Inhaltsverzeichnis

S. Etzel (✉)
Frankfurt, Deutschland
E-Mail: stefanie.etzel@expertexecutive.de

© Springer Fachmedien Wiesbaden GmbH, ein Teil von
Springer Nature 2019
S. Wachtel und S. Etzel (Hrsg.), *Jeder kann wirken,*
https://doi.org/10.1007/978-3-658-20123-4_10

Zusammenfassung Die jüngsten Babyboomer gehen stark auf die 50 zu, die ältesten erreichen demnächst das Rentenalter. Es betreten die Bühne des Lebens: die Millennials – Generation Y übernimmt. Eine Generation der Experten mit dem entsprechenden Vokabular trifft auf die Generalisten. Letztere durften schon als Kinder mitentscheiden, ob's in den Ferien an die See oder in die Berge geht, selbstverständlich gestalten sie ihr Leben nach Gusto. Offline sind sie allenfalls, wenn es kein WLAN gibt; wenn sie eine Frage haben, sind Alexa und Siri jederzeit für sie da; wissen sie einmal nicht, wo's lang geht, macht das auch nichts, es gibt ja GPS. Hauptsache, die Inszenierung stimmt. Wie aber funktioniert Kommunikation, wenn diese perfekten Selbstdarsteller auf die Vertreter des Inhalts, der Tiefe und des Wissens treffen?

> Jeder versucht eben auf seine Weise, in der Welt vorwärts zu kommen (Voltaire (1694–1778), eigentlich Francois-Marie Arouet).

Neun Monate nach dem Ende des 2. Weltkriegs im Jahr 1946 wurden in den USA mehr Babys geboren als jemals zuvor. Die Generation der Babyboomer trat auf den Plan. Ein schönes Bild: Die Helden kehren heim und werden von liebeshungrigen Ladies erwartet. Zehn Jahre später waren es in Deutschland dann nicht gerade heroische Kämpfer, die die Herzen der Damen eroberten – in der neu gewonnenen Sicherheit des von den Alliierten Streitkräften einigermaßen aufgeräumten Landes kurbelten Häuser in den Vororten mit Vorgarten und Kleinwagen in der Garage die Geburtenrate an.

Die jüngsten Babyboomer gehen heute auf die 50 zu, die ältesten erreichen bald das Rentenalter. Damit verabschieden sie sich allmählich auf dem Arbeitsmarkt – aber das macht sich nur langsam bemerkbar: Naturgemäß sind die Babyboomer zahlreich. Wenn also die Generationen X, Y und Z schon mit Macht nachrücken, treffen Sie auf eine Armada intrinsisch gesteuerter Arbeitstiere, für die der Ausdruck „Workaholic" wohl erfunden worden sein muss. Babyboomer leben, um zu arbeiten. Sie sind erfolgreich, nicht, weil sie extrem ehrgeizig sind, sondern weil es einfach nicht ihrem Weltbild entspricht, irgendetwas anders als ihr Bestes zu geben. Jetzt, wo sich die Babyboomer auf die Rente zubewegen, haben viele das Gefühl, ihren Teil geleistet zu haben – sie wollen „entschleunigen", den Lohn für jahrelange harte Arbeit einstreichen und die anderen schuften sehen (Oertel 2014).

Und hier sind sie nun: die Millennials. Die Generation Y, die Arbeiten irgendwie gut findet, Leben aber auch, und schön, wenn sich beides verbinden lässt. Das muss alles irgendwie Sinn ergeben und zueinanderpassen, sonst lohnt es sich doch gar nicht, damit anzufangen (Half 2017). Die Millennials wollen sich in allen Schattierungen ihres Lebens selbst inszenieren; dabei sind sie keineswegs Egomanen und Diven. Diese Generation schafft sich online wie offline ein engmaschiges Netz aus Bezugspunkten (Schuldt 2015). Bei aller Selbstdarstellung beziehen sie sich niemals nur auf sich selbst, sondern stets auf eine Gruppe von Gleichen und Gleichgesinnten. Die erste Generation der Digital Natives ist immer online, das ist klar. Was immer sie tun, was immer sie sagen: Es gibt neben dem Hier und Jetzt immer zugleich die virtuelle

Realität. Und ja: Das braucht Zeit – Wer alles doppelt lebt, wirkt vielleicht nicht immer fokussiert, aber hier finden auch Vervielfältigungen der Ereignisse statt, die sich wechselseitig befruchten.

Fragen

Abgrenzen oder mitziehen – eine Gratwanderung für beide Seiten: Müssen die „Alten Hasen" Gas geben, um neben der schillernden Performance der Millenials noch wirken zu können? Oder sollen letztere sich den Prozessen anpassen, die sie vorfinden?

Zwei Spezies – eine Sprache?

Es ist nicht zu übersehen: Mit den Babyboomern und den Millennials treffen zwei unterschiedliche Spezies aufeinander. Konflikte sind vorprogrammiert. Dem lässt sich nur mit Kommunikation begegnen. Aber spricht man überhaupt – im übertragenen Sinne – die gleiche Sprache?

Traditionelle Werte drücken sich sprachlich in einem Gefüge aus Fixpunkten aus, die der auf Sicherheit und Disziplin bedachte Babyboomer ungern zur Disposition stellt. Sie treffen bei den Millennials auf weitestgehend frei in Raum und Zeit schwebende Leitbilder und Haltungen. Alles kann so sein – oder auch ganz anders. Zwar möchten sich beide miteinander austauschen, denn beide werten das Team als wichtiges Gremium innerhalb des Arbeitsumfeldes; jedoch verlangen die einen nach Struktur und klarer Aufgabenverteilung, akzeptieren Hierarchien und streben nach verbindlichen, loyalen, persönlichen Beziehungen – sie wollen gebraucht werden (Mörstedt 2017).

Die anderen sind auf den ersten Blick weniger ergebnis-orientiert: Sie suchen den Austausch „auf Augenhöhe mit allen Ebenen"; sie wollen ihre Position gleichberechtigt neben allen anderen sehen, Ehrfurcht vor Erfahrung ist ihnen fremd. Wer 50 k Follower auf Instagram hat, hat für sie die gleiche Präsenz im Hier und Jetzt wie der Kollege mit 25 Jahren Berufserfahrung am Konferenztisch.

Selbstverständlich lernen Millennials von den Baby-boomern: Sie verstehen sich darin, sich Informationen zu beschaffen – Siri, Alexa, Google oder eben die Kollegin am Fenster. Es gibt für die Generation Y keinen Automatis-mus, dass unangenehme Aufgaben auf die schonungs-loseste, schmerzhafteste Weise erledigt werden müssen und zwar lieber heute als morgen; denn wenn es schon nervig, langweilig oder zäh ist – vielleicht kann man es ja irgendwie anders machen oder wenigstens mit Musik untermalen.

> Bleiben Sie offen für die neuen Impulse! Mitunter mag die Suche nach der Lösung auf Um- und Abwege führen. Darin liegt aber zugleich auch immer die Chance, Neues zu ent-decken.

Staging und Inszenierung

Eine gemeinsame Auffassung über die jeweilige Situation, in der Kommunikation stattfindet, ist von existenzieller Bedeutung für das Gelingen der Interaktion: Das ist die Kohärenz der aufeinandertreffenden Haltungen. Und dies gilt unabhängig davon, ob wir vor großem Publikum

reden, in einer Face-to-Face-Situation miteinander sprechen oder etwa vor einer kleinen Gruppe Rede und Antwort stehen. All diese Situationen sind (mindestens)
bidirektional; alle auftretenden Personen sind zugleich
Protagonisten des Theaterstücks und sitzen im Audito-
rium. Jeder dieser Protagonisten wird natürlich das ihm
Mögliche tun, um sich vor seinem Publikum ins rechte
Licht zu rücken und ein möglichst positives Bild zu entwickeln. Das Kommunikationsziel ist mithin für alle
Beteiligten, die anderen von der jeweils eigenen Haltung
zu überzeugen.

In diesem Zusammenhang sind drei Punkte bemerkenswert:

* Zum einen die Tatsache, dass die augenscheinlichste
  Funktion von Kommunikation, der Austausch von
  Informationen, in der Interaktion höchstens eine kleine
  Rolle spielt: Wir bringen alles, was wir wissen wollen,
  schon mit. Die Protagonisten wollen die Situation
  dominieren – es gewinnt der bessere Kommunikator,
  nicht derjenige mit der Wahrheit im Gepäck.
* Wir haben gute Gründe, uns Situationen zu schaffen,
  in denen uns niemand ins Handwerk pfuschen kann:
  Eindirektionale Kommunikationssituationen müssen
  uns vor diesem Hintergrund als Vorteil erscheinen,
  dennoch fühlen wir uns oft befangen, wenn wir
  das unmittelbare Feedback eines Gesprächspartners
  vermissen.
* Oftmals lassen wir eine misslungene Interaktion einfach
  laufen: Man redet, im besten Wortsinn, aneinander
  vorbei; man vertritt grundsätzlich verschiedene

Auffassungen; man hat keinen Schimmer, was der andere da sagt – um des lieben Friedens willen belässt man es dabei.

Generationenwechsel

Es zeichnet sich aber im Umgang mit eindirektionaler Kommunikation ein Generationswechsel an. Die Inszenierung ist für die Generation Y (und den auf sie Folgenden) Teil des alltäglichen Lebens geworden. Facebook, Instagram, Snapchat, Tinder – überall begegnen uns kleine perfekte Welten. Ich muss mich gar nicht mehr aufwendig in kommunikativen Prozessen über Gemeinsamkeiten verständigen; der Follow-Button erlaubt uns, einen Eindruck davon zu gewinnen, wie jemand sich präsentieren möchte. Das ist im wahrsten Sinne schön: Denn wir sehen stets nur die beste Seite des anderen. Den Generationen vor Y behagt das nicht. Den Kritikern voran eilen die Babyboomer: die erste Generation nach dem Krieg, die sich ihren Platz in der Gesellschaft erkämpfen musste. Die Babyboomer wollen Werte vermitteln und andere davon überzeugen, dass im Wahrhaftigen das Ideal zu finden ist. Und nun kommt eine Generation daher, die sich nach außen hin erst einmal nur zu inszenieren scheint (Freitag 2017).

Die klassischen Situationen der Selbstdarstellung stehen außer Frage: Die Tischrede zum runden Geburtstag des besten Freundes, ein Geschäftsessen, die erste Einladung der Schwiegereltern in spe… Es gilt, sich im besten Licht zu zeigen. Und diejenigen, vor denen präsentiert wird, werden sich bemühen, die Performance nicht zu stören.

Die Zuschauer sind zugleich Assistenten beim Wahren des Gesichts. Sie werden bei grauenhafter Garderobe noch etwas zu loben finden, den unbeholfenen Umgang mit dem Zuckerstreuer übersehen, über eine ganz langweilige Geschichte herzlich lachen. Das alles ist künstlich, das alles ist inszeniert – und gesellschaftlich in höchstem Maße anerkannt, ja gar erwartet.

Und nun also ist da eine ganze Generation, die sich einfach um des Schauspiels willen in Szene setzt. Wer diese Form der alltäglichen Selbstdarstellung betrügerisch nennt, dem sei eine Frage entgegengehalten: Wer sagt denn eigentlich, dass es schlecht ist, wenn wir uns – der jeweiligen Zielgruppe – von der besten Seite zeigen? Es ist doch nicht so, dass derjenige, der immer gleich ist, auch sein wahres Ich zeigt. Wer behauptet, sich treu zu sein, hat doch eigentlich nur ein besonders einseitiges Image für seine Außendarstellung entwickelt. Die Generation Y trägt zerrissene Jeans und Ballkleid, Kleines Schwarzes und Boho-Poncho, derbe Stiefel, High-Heels und rahmengenähte Lederschuhe, Nadelstreifenanzug, Biker-Jacke – was eben passt.

Die virtuelle Welt als Proberaum

Mit den Hierarchien der Babyboomer können die Millennials nichts anfangen: Viele von ihnen durften schon als Kinder entscheiden, was es zum Mittagessen gibt, welche Farbe die neue Winterjacke haben soll und wie der Urlaubstag gestaltet wird. Sie sind einfach daran gewöhnt, dass man mitmachen darf, auch wenn man keine besondere Kompetenz in der Sache hat. Da ist, positiv formuliert, ein großer Drang, die eigene Welt mitzu-gestalten, sich zu beteiligen. Was die älteren Generationen daran in den Wahnsinn treibt, ist die völlige Egalisie-rung der Einflussfaktoren: Klar darf jeder seine Meinung sagen – auch der Kollege, der den Job vielleicht seit Jahren macht. Doch zählen die Kommentare, Likes und Shares in Facebook ebenso viel wie die Argumente des Kollegen mit seinem fundierten Wissen. Damit ist ein Konflikt vor-programmiert zwischen denjenigen, für den die „Realität" die ihn umgebende physische Welt ist, der virtuelle Freunde und Follower nicht angehören, und denen, für die eben alles nur Aspekte der einen Welt sind.

Die Generation Y ist kommunikations- und meinungs-freudig. Dass andere ihre Arbeit bewerten, setzt sie nicht unter Druck, sondern gehört einfach dazu – genauso, wie sie die Arbeit anderer bewerten. Feedback ist ein wichtiger Teil des gesellschaftlichen und professionellen Austauschs; nur lassen sie sich nicht belehren: Wenn einer es doch so viel besser weiß, erledigt er die Aufgabe bitte am besten selbst. Vieles im Alltag hat experimentellen Charakter. Während die Babyboomer ihre Expertise im einmal gewählten Fach-bereich perfektionieren, ist es für die Millennials ganz nor-mal, sich in diesem und jenem auszuprobieren. Und dafür brauchen sie keinen Big Boss, niemanden, der ihnen sagt, wo's lang geht. Wenn sie nicht weiterwissen, fragen sie eben Alexa oder Siri, sie googeln oder sie lesen in Wiki-pedia nach. Niemand hat die eine letzte Wahrheit für sich gepachtet, auch nicht der Chef. Damit verweigert sich diese junge Generation einem sozialen Gefüge, das bis dato unan-gefochten war: Wer die Macht hat, hat das Sagen.

Viele Kommunikationssituationen folgen traditioneller-weise einer Dramaturgie, die sich aus der wechselseitigen

Akzeptanz vordefinierter Rollen ergibt. Derjenige, der die höchste Position innehat, wird die längste Redezeit für sich in Anspruch nehmen – so es ihm beliebt. Der Rangniedrigste wird nur sprechen, wenn er gefragt wird, und liefert dann immer schön im Berichts-Modus: Zahlen, Fakten, Details. Da gibt's dann für jedes Sachgebiet den einen Experten, der dazu etwas sagen kann: Ich kenne mich da nicht so gut aus, ich sage lieber nichts, bevor ich was Falsches sage. Aber aufgepasst: Hier kommt Generation Y und ignoriert, was eben noch in Stein gemeißelt schien. „Das Leben wird doch langweilig, wenn wir nicht überall unseren Senf dazugeben" (Abb. 1).

Abb. 1 Two worlds collide

Für die „junge Generation" ist das Internet nicht einfach eine selbstverständliche Welt neben der realen. Das
Internet liefert ihr in vielerlei Hinsicht auch die Blaupause
fürs echte Leben. Man probiert Meinungen, Trends, Pläne
in der Community aus – und kann dann im Meeting mit
der Sicherheit des Alten Hasen auftreten, man weiß ja,
wie's ankommt. Der kommunikative Austausch wird zur
Spielwiese – Gamification des Alltags sozusagen.

Wie in den sozialen Geflechten der früheren Generationen spielt auch in diesem Spiel des Alltags jeder eine Rolle.
Diese inszeniert er aber selbst, und das ist der Unterschied.
Gute Selbstdarstellung ist essenziell im täglichen und alltäglichen Auftritt. Viele Babyboomer finden sich schon in
ihrem Job-Title nicht hinreichend klassifiziert; Millennials fassen ihre gesamte Identität in den ein bis zwei Zeilen
eines Instagram-Profils zusammen. Gepostet wird nur, was
ins Gesamtbild passt. Es wird, in den Sozialen Medien so
wenig wie im „echten Leben", nicht das wirkliche authentische Selbst in all seinen Facetten gezeigt – sondern eben
die eine Version, die am besten passt.

Was mitunter in Vergessenheit gerät: Auch frühere
Generationen haben ein angepasstes Bild ihres Selbst in
der Öffentlichkeit gezeigt (Goffmann 1956). Alles andere
wäre sicher zumindest einen Großteil der Zeit nicht
zumutbar für die Menschen um uns herum. Nur gab es
früher eben die virtuelle Welt nicht als Proberaum. Das
gesamte Erscheinungsbild ist heute aufs engste verwoben
mit dem digitalen Profil. Jedes Foto, jedes Statement, jedes
Like und jeder Kommentar gehören zu einer Inszenierung,
in der nichts dem Momentum überlassen wird. Auch
Schnappschüsse haben dabei ihren Raum: Die lustigen

Seitenblicke, wo eben die Beleuchtung nicht stimmt, der Winkel den fitnessstudiogestählten Body überhaupt nicht in Szene setzt und drei von vier Personen im Bild auch komisch gucken: doch. Millennials lachen über sich selbst. Dafür gibt es Snapchat und Instagram Stories. Während die Datenschützer noch ums Recht auf Vergessen kämpfen, hat diese Generation längst ein Format für sich entdeckt, dass ihnen nichts nachträgt. Und die allerpeinlichsten Momente im Leben werden sowieso nur mit dem kleinsten Kreis in WhatsApp geteilt.

> Nutzen Sie nur Kommunikationskanäle, die Sie auch beherrschen! Ein Einhorn-Selfie mit Regenbogen-Schweif lässt niemanden jünger aussehen; Büttenpapier mit Wasserzeichen allein verleiht noch keine Seriosität.

Glamour statt Statussymbole

Was sich mitunter wie ein großes Schaulaufen ausnimmt, hat nur noch wenig vom Statusbewusstsein der Generation X: Es zählt nicht das Label auf der Handtasche, sondern die geistreiche Inszenierung. Es ist, wenn man so will, eine urdemokratische Struktur. In die eigene Position wird man nicht geboren wie die Babyboomer; man kann sie sich auch nicht kaufen, wie die Generation X. Man verdient sich den Respekt der Community durch clevere Reflexionen auf die erlebte Welt. Man sucht sich die Bezugsgruppe, die die meisten Überschneidungen zum selbst gewählten Image zeigt – und orientiert sich an deren Sprache, Posen und Symbolen. Da hilft der Porsche vor der Tür so wenig wie die Prada-Clutch. Man muss die Dinge zu interpretieren verstehen.

In dieser „demokratischen Welt" sind Informationen frei zugänglich. Sie sind nicht mehr das Territorium weniger ausgewählter Fachkräfte, die „den Job von der Pike auf gelernt haben". Wozu sich wortreich belehren lassen, wenn doch die benötigte Information im Internet steht. Kurz, prägnant und Common Sense. Auf diese Weise passen Millennials und Babyboomer dann in der Schönen Neuen Welt auch wieder ganz gut zusammen: Denn es gibt sie ja immer weniger, diese Experten, die sich in ihrem Segment auskennen wie in ihrer Westentasche. Und diejenigen, die es gibt, haben viel zu tun. Sie sind dann so hoch spezialisiert, dass sie nichts mehr delegieren können, dementsprechend haben sie wohl kaum Zeit, der nachwachsenden Generation das Leben zu erklären. Und das gilt auch für unseren Alltag: Wo finden Sie denn noch den Elektronik-Fachhändler, der Ihnen Kaffeemaschine, Navigationsgerät, Notstromaggregat und Solarpanel fürs Hausdach nicht nur verkaufen, sondern Sie zu all diesen Dingen auch kompetent beraten kann? Wohl dem, der sich vor dem Besuch im Laden schon mit Alexa bzw. der Community ausgetauscht und bei Amazon u. a. die Preise verglichen hat.

In den hochkomplexen Prozessen der heutigen Zeit fehlt oftmals einfach der Raum, sich Zusammenhänge bis in die Tiefe zu erschließen. Und hat man sich die Funktionsweise dann doch erschlossen, gibt es ein Update und alles ist wieder ein bisschen anders. Im Grunde ist es wie die Frage nach dem Huhn und dem Ei: Reagieren die

Millennials auf die Welt, die sie vorfinden, oder haben sie diese Welt geschaffen?

Ihre Augen kalibrieren auf unfassbar kurze Frequenzen; sie blenden alles aus, was an zusätzlichen Informationen eingeblendet wird und fokussieren die eine Information, die sie gerade brauchen; sie lernen ununterbrochen, aber eben in kurzen, alltagstauglichen Einheiten, on demand quasi. Ein Online-Tutorial dauert nicht länger als vier bis acht Minuten und anschließend geht der Kopierer wieder. Dafür muss ich nicht wissen, wie die Dinge im Großen und Ganzen zusammenhängen. Mephisto könnte sie nicht verführen. Denn ihre Prozesse streben nicht nach dem hohen Ziel, ihre Triebkraft sind immer die Anforderungen der jetzt gerade in diesem Moment gegebenen Situation. „Eine Sache zu Ende bringen" ist für sie kein Gut an sich.

Feste Arbeitszeiten sind ein Relikt aus grauen Vorzeiten: Vor hundert Jahren hat man Menschen morgens in Fabriken gestopft, sie haben produziert, bis sie zu müde zum Stehen waren, dann hat man sie nach Hause gekarrt. Aus den Knechten dieser Tage wurden später die Feierabendbiertrinker. „Samstags gehört Papi der Familie" titelte die Gewerkschaft einst im Kampf um weniger Wochenarbeitsstunden. Das alles sind für die Generation Y keine Themen. Sie integrieren ihr Arbeiten ganz selbstverständlich in ihr Leben und das Leben ebenso selbstverständlich ins Arbeiten: *Work-Life-Balance next Gen* (siehe Kap. „Chefkompetenz für die Zukunft. Wie Kommunikation als Transformationsbeschleuniger wirken kann").

Nutzen Sie Gegensätze für die stärkste Wirkung

Die unterschiedlichen Wirkungsweisen der beiden Generationen können ein Gewinn für beide Seiten sein – wenn sie die Differenzen zu nutzen verstehen. Zuallererst verlangt dies, dass Sie einander mit Respekt begegnen: „Diese jungen Hüpfer haben doch noch gar nichts im Leben gemacht"? Damit kommen die Erfahrenen ebenso wenig weiter wie die Newcomer mit der Einstellung „Die sind doch sowieso bald alle in Rente und haben nichts mehr zu sagen". So gegensätzlich die Stereotype vielfach charakterisiert werden, so gut können sie sich doch wirkungsvoll ergänzen.

1. Fähigkeiten, Wissen, Weisheit mitunter sogar, in Jahrzenten erworben und vielfach erprobt – nichts von alledem vermittelt sich „von alleine". Nehmen Sie als ältere Hasen die Herausforderung an, Ihre Ideen rhetorisch zu verkaufen.
2. Finden Sie gemeinsame Wirkungsziele – und gestehen Sie der jeweils anderen Generation zu, eigene Wege dorthin zu suchen.
3. Dank digitalem Proberaum und dank der ständigen Verfügbarkeit von Informationen wissen Millenials viel darüber, wie Dinge funktionieren, wenn sie in die Arbeitswelt eintreten. Sie hatten aber noch keine Gelegenheit, sich an Fehlern auszuprobieren: Diese sind existenziell! Machen Sie Fehler!
4. Soll das Zusammenwirken der gegensätzlichen Pole beide Seiten stärken und nicht ausbremsen, so ist das Wichtigste die Kommunikation. Tauschen Sie sich aus! Nutzen Sie dafür jede Gelegenheit und alle Kommunikationswege. Setzen Sie nichts als selbstverständlich verstanden voraus: Reden Sie drüber!
5. Reiben Sie sich nicht unnötig an kleinen Gegensätzen auf; bringen Sie widerstrebende Positionen in der Relation zum „Großen und Ganzen", stellen Sie einen Kontext her, auf den Sie sich einigen können. Gelingt dies nicht: Erweitern Sie den Kontext – Sie werden sehen: In Ihren Zielen sind Sie sehr nahe beieinander.

Literatur

Freitag L (2017) Was der Selfie-Wahn über uns aussagt. Handelsblatt Media Group. http://www.wiwo.de/technologie/digitale-welt/selfies-was-der-selfie-wahn-ueber-uns-aussagt/12511718-all.html. Zugegriffen: 11. Febr. 2018

Goffmann E (1956) The presentation of the self in everyday life. Anchor, New York

Half R (2017) Die Zeit ist reif: Glücklich arbeiten. https://www.roberthalf.de/gluecklich-arbeiten. Zugegriffen: 11. Febr. 2018

Mörstedt A-B (2017) Erwartungen der Generation Z an die Unternehmen. PFH Private Hochschule, Göttingen. https://www.pfh.de/fileadmin/Content/PDF/forschungspapiere/vortrag-generation-z-moerstedt-ihk-goettingen.pdf. Zugegriffen 11. Febr. 2018

Oertel J (2014) Baby Boomer und Generation X: Charakteristika der etablierten Arbeitnehmer-Generationen. In: Klaffke, M. (Hrsg) Generationen-Management. Springer Gabler, Wiesbaden

Schuldt C (2015) Youth Economy: Die Jugendstudie des Zukunftsinstituts. Zukunftsinstitut, Frankfurt

Zuhören und Loslassen als Führungsdisziplin

Emilio Galli Zugaro

Inhaltsverzeichnis

Zusammenfassung In der C-Suite ist es für die Executives mitunter ziemlich ungemütlich. Wer aber glaubt, größtmöglicher Druck habe auch die stärkste (Führungs-)Wirkung, der irrt gewaltig. Es sind weit öfter Gelassenheit und Ausgeglichenheit,

E. Galli Zugaro (✉)
München, Deutschland
E-Mail: emilio@galli-zugaro.com

© Springer Fachmedien Wiesbaden GmbH, ein Teil von Springer Nature 2019
S. Wachtel und S. Etzel (Hrsg.), *Jeder kann wirken*,
https://doi.org/10.1007/978-3-658-20123-4_11

mit der Unternehmen zu den größten Erfolgen gebracht werden. Wenn das Spitzenmanagement bereit ist, von Stakeholdern zu lernen, wirkt das motivierend und mithin leistungsfördernd.

> Der beste Führer ist der, dessen Existenz gar nicht bemerkt wird, der Zweitbeste der, welcher geehrt und gepriesen wird, der Nächstbeste der, den man fürchtet und der Schlechteste der, den man hasst. Wenn die Arbeit des besten Führers getan ist, sagen die Leute: „Das haben wir selbst getan." (Lao-Tse/Laozi).

Generation Druck

Der Arzt hat Ihnen nicht verordnet, Manager zu werden. Also können Sie jetzt nicht zu laut über Schmerzen und Stress klagen. Am besten finden Sie den Weg, eine bessere Führungskraft zu werden *und* den Stress abzubauen. Nebenbei bringen Sie das Unternehmen, dem Sie vorstehen, zum Erfolg.

„Wenn man diese Formel hätte, könnte man damit reich werden!" werden Sie denken. Naja, reich bin ich nicht, aber ich lebe ganz gut davon, genau diese Themen mit meinen Kunden zu diskutieren, ihnen zu helfen, ihre Leistungen zu verbessern und ein ausgeglicheneres Leben zu führen. Wenn sie denn offen sind, von ihren Stakeholdern zu lernen und loszulassen. Sollten Sie noch nicht CEO sein, könnte es spannend sein, wenn Sie bei Ihrem nächsten Bewerbungsgespräch dezent Ihren potenziellen Chef fragen, was er im vergangenen Jahr gelernt hat und wie (Abb. 1).

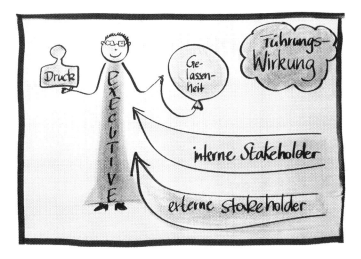

Abb. 1 Führung und Gelassenheit

C-Suite ist die plüschige Ebene, auf der die Chiefs residieren: Chief Executive Officer, Chief Financial Officer, Chief Operations Officer, Chief Communications Officer, Chief Hot Air Officer und alle anderen Häuptlinge. Wie lernen diese Menschen – Menschen, auch wenn sie im Walhall residieren –, die einen für normal Sterbliche kaum nachvollziehbaren Arbeitsalltag haben, bei dem auch die Biopause nicht das Bedienen des Smartphones unterbricht? Wann finden sie die Zeit, nachzudenken? Oder schließt das Handeln das Denken aus, in einem Verdrängungswettbewerb der Minuten?

Noch kenne ich keine NGO, die Stuhlkreise für die C-Suite organisiert, um dem gestressten Manager Streicheleinheiten und Barmherzigkeit zukommen zu lassen, zusammen mit etwas Mitleid für die üppig bezahlten Nadelstreifen. Kann ja noch kommen.

Aber mit demagogischem Futterneid wird man der Realität von Jobs nicht gerecht, die einem enormen Druck standhalten müssen, dem der Stakeholder. Wenn Sie tausende von Stakeholdern haben, haben Sie genauso viele Medien, die Sie angreifen können. Denn durch deren Smartphones haben sich Durchschnittsbürger in Einzelmedien verwandelt, die Ihre Performance als Führungskraft auf Kununu oder Glassdoor einem breiten Publikum zugänglich machen. C-Suite Mitglieder stehen unter stetiger Beobachtung durch die Öffentlichkeit und „müssen" sich zu allen gesellschaftlichen Themen äußern. Müssen sie das wirklich? Die Investoren machen jedes Quartal und gerne auch zwischendurch Druck auf sie, ihre Performance zu verbessern. Und wenn das nicht *pronto* geschieht, könnte ein aktivistischer Investor auftauchen, der ihnen die Hölle wirklich heiß macht. Von den Kunden ganz zu schweigen, die jeden Fehler ihrer Organisation öffentlich machen können und die zu binden ganz besondere Anstrengungen von ihrer Organisation verlangt, gejagt von disruptiven Geschäftsmodellen, Wettbewerbern, die aus ganz anderen Branchen kommen, um ihnen ihre nicht mehr so treuen Kunden zu mopsen. Politik und Regulatoren tragen auch gerne dazu bei, vom Tagesgeschäft abzulenken, doch den Luxus, die Signale aus den Regierungshauptstädten zu ignorieren, haben sie nicht.

Diese „Generation Druck" übernimmt Verantwortung in äußerst volatilen Zeiten und muss als Mensch auch noch ein Auge auf privates Glück werfen, um nicht ganz schnell vom Rollator abhängig zu sein, weil es kein

Familienmitglied mehr gibt, das ihn gerne stützt, nachdem er Jahrzehnte unauffindbar war, im Jet, um die Welt zu retten.

Naja, wahrscheinlich hatten Sie sowieso keine Lust, Vorstand zu werden.

Entscheiden und Zuhören

Nicht jeder schreckt vor diesen Warnhinweisen auf der toxischen, aber dopamin-generierenden Tabakpackung der C-Suite zurück. Und nicht jeder, der es wagt, muss den Konsum von Macht gleich mit einer Metastase bestraft sehen. Nehmen Sie sich ein Beispiel an den Loslassern: Wie diese ihre Teams befähigen und ermächtigen, gilt es auch für Sie Macht abzugeben, um Ihre Wirkung zu bewahren. Ihre Wirkung ist die Macht über Ihr Leben, wie die Wirkung der Vorstände die Macht über die Stakeholder Governance ausmacht: Sie haben Macht über Ihre Zeit und Sie maximieren Ihre Wirkung (Galli Zugaro 2017).

Die eigene Befähigung, die Entwicklung der Mitarbeiter dient der Fähigkeit, mit den komplexen Herausforderungen des Managements fertig zu werden. Ein Bonmot kommentiert den Weggang eines Top-Managers zum Hauptkonkurrenten: „Der durchschnittliche IQ unserer Firma wird durch die Kündigung von Joe höher, der unserer Wettbewerber auch …"

Das Interesse muss sein, den durchschnittlichen IQ der gesamten Organisation täglich zu erhöhen und mit ihm den EQ (Emotionaler Quotient) und den SQ (Sozialer Quotient). Sich dabei immer mehr von Aufgaben zu lösen, die andere besser erledigen können. Aber bitte auch mit der Macht für diese Anderen ausgestattet, Entscheidungen zu fällen. Für die Leitwölfe oft ein Unding: Wie, Entscheidungen, die sie doch letztlich zu verantworten haben? Die müssen sie doch auch kennen und im Idealfall selber fällen!

Es werden heute schon täglich Hunderttausende von Entscheidungen in Unternehmen gefällt, von denen die Führungsriege nichts weiß. Hoffentlich! Sonst ist die Firma gelähmt. Die zentrale Frage für die Stakeholder, die ihre Performance zu beurteilen haben und letztlich die Lizenz zum unternehmerischen Handeln geben, ist nicht, ob alle Entscheidungen im Unternehmen auf oberster Etage getroffen wurden und dort bekannt sind, sondern, dass diese Entscheidungen einer von den Stakeholdern geteilten, sich von ihnen zu eigen gemachten Strategie entsprechen.

Die sogenannten VUCA (Volatile Uncertain Complex Ambiguous)-Zeiten erfordern eine Organisation, die schnell, wendig und selbstbestimmt (agile) ist. Der Weg dazu führt über die Befähigung und die Ermächtigung der Mitarbeiter. In diesem Sinne gilt es, das gesamte Team zu befähigen, Botschafter des gesamten Unternehmens werden zu können. Weiß jeder Mitarbeiter einer Firma, was sein Beitrag zur Strategie des Unternehmens ist? Oder, etwas einfacher: weiß jeder im Unternehmen, was einen Kunden zu einem begeisterten Kunden macht, der das Unternehmen weiterempfiehlt?

Das erste Missverständnis im Umgang mit dieser Frage, ist, dass man aus den falschen Gründen die falsche

Abteilung im Hause anmault, weil sie nicht imstande war, alle Mitarbeitern die Strategie zu „kommunizieren". Die Kommunikatoren in der Firma haben doch die Aufgabe zu kommunizieren, oder? Das hängt davon ab, was man mit „Kommunizieren" meint. Wenn das heißen soll, dass alle Mitarbeiter mit Verlautbarungen eingedeckt werden sollen, so ist das im besten Fall schlechte Information und im schlechtesten eine sektenhafte Gehirnwäsche.

Kommunikation ist *Dialog* und funktioniert, wenn beide Seiten vor allem zuhören und nicht nur reden. Zeno von Elea (auf Sizilien) hat schon vor 2500 Jahren geschrieben, dass es kein Zufall ist, dass wir zwei Ohren und einen Mund haben, denn wir seien gut beraten, doppelt so viel zuzuhören wie zu sprechen. Sie sollten Ihren Stakeholdern zuhören. Ihre Mitarbeiter, Kunden, Eigentümer und die Gesellschaft insgesamt sind wunderbare Informationsquellen für Ihren Erfolg, denn sie *entscheiden* über Ihren Erfolg, nicht umgekehrt.

Dazu müssen eine Reihe von Disziplinen jedes Jahr von und mit all Ihren Mitarbeitern besprochen und aktualisiert werden: Strategie, Zuhören, Krisenmanagement und -prophylaxe, Kundenfokus, Integriertes Reporting (Ergebnisse, die das Unternehmen nicht nur für Eigentümer erreicht hat sondern auch für Kunden, Mitarbeiter, Umwelt und Gesellschaft), effektive Kommunikation (Dialog), effektive Präsentation (Information). „Ja, was denn? Alle Mitarbeiter jedes Jahr in sieben Disziplinen *a jour* bringen? Die sollen doch arbeiten!" Wenn Ihre Führungskräfte auch unterjährig regelmäßig zu diesen Punkten den Dialog mit den Stakeholdern suchen, dann reichen sieben halbe Tage. Dreieinhalb Tage interner Weiterbildung in Stakeholder Governance im Jahr können schon viel des enormen Potenzials zur selbstbestimmten Mit-Steuerung des Unternehmens bergen und Sie und die Kolleginnen und Kollegen aus der C-Suite entlasten und Ihre Mitarbeiter motivieren (denn dadurch fördern Sie die Sinnhaftigkeit und die Selbstständigkeit, zwei der drei Haupttreiber der Motivation).

Der Unterschied in der Qualität der Arbeit Ihres Call Centers und der Interaktion mit den Kunden wird davon profitieren, genauso wie Tausende unnützer Abstimmungsvorgänge, die eingespart werden. Damit wird Freiraum geschaffen für die wenigen Dilemmata, für die man eine Entscheidung eskalieren muss. Zu den also schon bisher stattfindenden Hunderttausenden an Entscheidungen, die Sie selber nicht in Ihrem Unternehmen fällen, gesellen sich somit weitere Hunderttausende hinzu (Galli Zugaro und Stöhr 2018). Theoretisches Blabla? Kann man so sehen. Muss man aber nicht.

Zuhören und Loslassen ist effizient

Beispiel

Eines Abends brachte ich eine vertrauliche Aktennotiz, die ich nicht per E-Mail verschicken konnte, an meinen CEO und legte sie auf den Schreibtisch seiner Assistentin. Da kommt der Chef aus seinem Büro, sieht mich und sagt, ich solle doch mal reinkommen … Dumm gelaufen. Er setzte sich an seinen Schreibtisch, einen prall gefüllten Leitz-Ordner vor sich und rief eine ältere Dame an, machte den Lautsprecher an und ich machte eine außerirdische Erfahrung.

Es ging um einen Haftpflichtschaden über ein paar Hundert Euro, ein Brandloch in einem Perserteppich. Die Akte vor ihm dokumentierte den Streitfall, vom Zweifel unseres Sachbearbeiters daran, dass es tatsächlich ein echter Perserteppich war bis hin zur Frage, ob nicht die Haftpflichtversicherung der Dame beansprucht wurde, obwohl der Schaden möglicherweise vom Schwiegersohn in seinem Zuhause an seinem Teppich verursacht worden war. Also Versicherungsbetrug?

Mein Chef ließ Fünfe gerade sein und bot der Dame eine Kulanzzahlung an. Da wurde es still in der Leitung, bevor die Frau schließlich sagte: „Ach, junger Mann, das ist ja wirklich nett von Ihnen. Aber ich sage Ihnen voraus, Ihr Chef wird das nicht genehmigen und dann wird es wieder bei den Anwälten landen." Das war ihre Erfahrung mit unserem Versicherungsunternehmen gewesen: irgendeiner stellte sich immer wieder quer und verhinderte den Abschluss des Vorganges. Dass sie gerade mit dem obersten Manager des Ladens gesprochen hatte, wusste sie nicht, denn seinen Namen hatte sie nie vorher gehört. Er versprach ihr die sofortige Zahlung und verabschiedete sich.

Mein Chef erklärte mir, wie viele solcher Lappalien sich zu enormen Akten ausweiteten und monatelange Arbeitskosten verursachten, Zeit fraßen und die Kunden und Betroffenen wütend machten und frustrierten. Ich entgegnete ihm, dass es doch unsere Pflicht sei, Versicherungsbetrug aufzudecken, denn letztlich trüge die Versichertengemeinschaft die Kosten für den Betrug.

Er schaute mich milde und auch etwas frech an: „Ach ja", sagte er. „Und die Hunderttausende Euro, die die Kosten dieser Akte beinhaltet, Anwälte, Mannjahre an Mitarbeiter- und Managerzeit, die trägt auch die Versichertengemeinschaft. Was ist fairer? Eine Kulanzzahlung über zweihundert Euro oder Recht haben für den Preis von 250.000 Euro?" Ich hatte meine Lektion gelernt. Wenn alle Mitarbeiter so mitdenken würden, würden sie selbstständiger arbeiten und somit motivierter, die Kunden und Beteiligten wären glücklicher und wenn dabei auch ein paar Versicherungsbetrüge über zweihundert Euro durch die Lappen gingen, würde das trotzdem alle Beteiligten zufriedener machen und Geld und Zeit sparen. Dafür mussten aber die Mitarbeiter befähigt und ermächtigt werden. Und schmunzelnd fügte er hinzu, als Jurist, der er ist: „In der ganzen Akte, inklusive der ergangenen Gerichtsurteile, gibt es im Übrigen keinen Beweis, dass es sich tatsächlich um Versicherungsbetrug handelte …"

Loslassen und Macht abgeben. Für Ihre wichtigste Disziplin haben Sie viele Optionen: delegieren Sie viel mehr; betreiben Sie Monkey Management; verhandeln Sie mit Ihrem Team einen Vertrag zur Fehlerkultur; machen und lassen Sie mehr kurzfristige Job-Rotationen machen, um das Verständnis für die unterschiedlichen Funktionen zu verstärken und Silo-Denke zu überwinden; nutzen Sie professionelles Coaching für die Performanceverbesserung durch „Stärken stärken" und nicht, um „Schwächen wegzucoachen"; nutzen Sie Mentoring und Reverse-Mentoring, um Erfahrung weiterzugeben, von erfahrenen Alten zu unerfahrenen Jungen, von digitalen Jungen zu analogen Alten. Oder nehmen Sie sich eine Auszeit. Wie bitte? Eine Auszeit? Ich? C-Suite Manager sind unersetzlich, sie müssen die Welt retten. Ohne sie läuft doch gar nichts, da kann man sich doch nicht einfach vom Acker machen.

Beispiel

Dann lesen Sie mal, was eine CEO eines kleinen Unternehmens – wo man am meisten befürchtet, ohne den Chef laufe nichts mehr – an Performanceverbesserung für ihr Team und Unternehmen mitgenommen hat:

„When considering a sabbatical, the key question is whether or not the investment truly benefits the company. Is it worth it to give your CEO or frankly anyone on your team the opportunity to take a step back with no repercussions? In my opinion, it is one of the best investments you can make. I learned to focus on what's most important and trust my team to take care of the rest. I easily delegated 30% or more of the responsibilities I should no longer have been doing anyway. If I spend 30% more time growing Good Sports to give millions more kids a chance to play that is a return that can't be found on Wall Street."

(Melissa Tatro-Harper 2016, "Can the CEO take a sabbatical?").

Stichworte aus dem Bericht von Melissa Tatro-Harper: Breitere Perspektive, Inspiration, ein an den Herausforderungen gewachsenes Team.

Sabbaticals haben auch den Vorteil, dass Sie Ihre Nachfolgeplanung besser vorbereiten können. Das Unternehmen kann mögliche Nachfolger für Ihren Job testen. Wenn Sie sich weiterentwickeln wollen, haben Sie ein eigenes Interesse daran, einen guten Nachfolger aufzubauen. Denn man wird Sie nur zur nächsten Station befördern, wenn es einen guten Nachfolger für Sie gibt. Und wenn Sie schon ganz oben stehen, dann müssten Sie ohnehin wissen, dass eine Nachfolgeplanung zur guten Corporate Governance dazugehört und Sie für einen fehlenden Plan B für Ihr Ausscheiden mit Bonusabzügen büßen müssen.

Nutzen Sie gezielt Mentoring und Coaching für sich selbst und Ihr Team. Wir lernen zu 70 % aus dem, was wir tun (Learning by doing), zu 20 % aus unseren Beziehungen (zum Beispiel von Mentoren, Peers, Coaches) und nur zu 10 % aus klassischer Fort- und

Weiterbildung auf der „Schulbank" oder auf den Sitzen einer Business School. Machen Sie einen „Fehlervertrag" mit Ihren Mitarbeitern. Wie geht man mit Fehlern um und mit der Verantwortung für sie? Das kann von Unternehmen zu Unternehmen, von Prozess zu Prozess anders sein. Ich möchte von keinem Pharmaunternehmen wissen, dass es tödliche Vitamintabletten produziert, weil man ja eine „offene Fehlerkultur praktiziert". Manche Fehler dürfen nicht existieren, die Gesundheit eines Menschen kann nicht mit einem Schulterzucken und einem „ist halt dumm gelaufen" abgetan werden.

Aber in einem Unternehmen, in dem *jeder* Fehler sofort einem Sündenbock aufgebrummt und entsprechend sanktioniert wird, übernimmt niemand mehr Verantwortung und es wird gelähmt. Schließlich verwenden Sie Zeit und Energie, die Motivation der Mitarbeiter und den Unternehmenszweck übereinander zu bringen. Die Sinnhaftigkeit ist ein großer Motivations- und Performancetreiber. Unternehmen, die Klarheit über den tieferen Sinn ihres Handelns für die Stakeholder und die Gesellschaft haben und entsprechend die Mitarbeiter rekrutieren und entwickeln, deren Motivation sich weitestgehend mit den Zielen der Firma deckt, werden effektiver in der Selbststeuerung.

Selbststeuerung wirkt entlastend auf die C-Suite und schafft die Freiräume für das Nachdenken, das Zuhören, das direkte Erleben des unternehmerischen Wirkens auf die Stakeholder und das Wissen, das auch Sie fortwährend erweitern müssen. Wenn Sie Macht abgeben, haben Sie kein Alibi mehr für Mangel an Zeit für Strategisches. Ihr Partner daheim dankt es Ihnen, Ihre Kinder beginnen wieder, Sie zu duzen und die Stakeholder halten Ihnen im Krisenfall die Stange.

Zum Schluss eine kleine Weisheit aus der Bibel, die möglicherweise hilfreich ist, um über die gute Führung nachzudenken. Im 3. Buch der Könige erscheint Gott König Salomon im Traum. Da er den Stamm von David so gut geführt hat, gibt ihm der liebe Gott einen Wunsch frei. Salomon bittet um ein zuhörendes Herz. Gott wundert sich und sagt, er hätte erwartet, Salomon wolle von ihm ein langes Leben haben oder Reichtümer oder dass er seine Feinde töte. Doch Salomon habe um ein zuhörendes Herz gebeten und somit würde er viel gerechter herrschen können. Er würde ihm den Wunsch erfüllen. Im Übrigen würde er deshalb auch länger leben und reich werden.

Wagen Sie es: hören Sie mehr zu und lassen Sie mehr los, Sie werden besser und das Unternehmen und das Team um Sie herum werden es auch.

Wirken Sie mächtig – aber bleiben Sie gelassen

Emilio Galli Zugaro ist bei der Frage nach der bestmöglichen Wirkung ganz oben angekommen: In der C-Suite, die natürlich ganz und gar nicht so gemütlich ist, wie er sie ironisch beschreibt. Dort macht es sich keiner bequem, alle stehen immer unter dem Druck, die bestmögliche Performance hinzulegen – so stark wie möglich zu wirken. Die Frage nach der Macht scheint über allem zu stehen. Und genau damit rät Emilio Galli Zugaro zu brechen. Macht ist nicht gleich Wirkung und Wirkung entsteht nicht durch Druck. Was wir von „denen da oben" lernen können, ist – so sagt uns Emilio Galli Zugaro: einfach mal zurück-lehnen. Aus der Gelassenheit heraus, die Dinge sein zu lassen, entsteht die stärkste Wirkung.

1. Höher, schneller, weiter? Vergessen Sie's. Kümmern Sie sich um diejenigen, die Ihnen nahestehen, bleiben Sie sich selber treu.
2. Hören Sie zu – überzeugen Sie nicht mit verbaler Gewalt, sondern agieren Sie ohne auf Ihrer Position zu verharren.
3. Machen Sie Fehler. Lassen Sie Fehler machen. Schauen Sie, wie es beim nächsten Mal anders laufen kann – und anders kann auch einfach nur: anders falsch sein. Dann eben noch einmal.
4. Lernen Sie. Lassen Sie lernen. Niemand kann alles ver-fügbare Wissen, alle Fähigkeiten auf sich vereinen. Ihre stärkste Wirkung werden Sie immer erst in der Zukunft entfalten – und das bleibt hoffentlich auch in Zukunft so.
5. Und wenn Ihre Wirkung ins Leere läuft: Nehmen Sie sich eine Auszeit. Starten Sie neu.

Literatur

Galli Zugaro E (2017) The listening leader: How to drive performance by using communicative leadership. Financial Times Publishing, London

Galli Zugaro E, Stöhr J (2018) Ich bin so frei: Raus aus dem Hamsterrad – rein in den richtigen Job. Ariston, München

Tatro Harper M (2016) Can the CEO take a sabbatical? Yes, she can, why she did, and how everyone benefited from It. https://www.linkedin.com/pulse/can-ceo-take-sabbatical-yes-she-why-did-how-everyone-tatro-harper. Zugegriffen: 11. Febr. 2018

Chefkompetenz für die Zukunft. Wie Kommunikation als Transformationsbeschleuniger wirken kann

Laura Farrenkopf und Andreas Seitz

Inhaltsverzeichnis

L. Farrenkopf (✉) · A. Seitz
Köln, Deutschland
E-Mail: laura.farrenkopf@be-in-touch.net

A. Seitz
E-Mail: andreas.seitz@be-in-touch.net

© Springer Fachmedien Wiesbaden GmbH, ein Teil von
Springer Nature 2019
S. Wachtel und S. Etzel (Hrsg.), *Jeder kann wirken,*
https://doi.org/10.1007/978-3-658-20123-4_12

Zusammenfassung Führung wird vor allem dann gebraucht, wenn die Sachlage nicht eindeutig den Weg vorgibt. Wenn uns Ambiguität vor die Frage stellt, welche Richtung wir gemeinsam einschlagen. In den Umwälzungen der nächsten Jahrzehnte werden wir uns häufiger an Weggabelungen oder in unübersichtlichem Gelände wiederfinden, wo alle, die Verantwortung tragen, noch stärker gefordert sind, eine klare Orientierung zu geben – unter Einbindung aller Stärken, Fähigkeiten, Ideen und Perspektiven, die die Menschen um sie herum mitbringen. Kommunikation wird dabei eine zentrale Rolle spielen. Als effektiver Teil unserer sozialen Intelligenz vermag sie das zu schaffen, wovon Organisationen in der Zukunft noch mehr brauchen, um zu wachsen: Vertrauen.

> Handle stets so, dass weitere Möglichkeiten entstehen (Heinz von Förster, Physiker).

Die Digitalisierung ist gleichermaßen Spannungs- und Spielfeld. Risiko und Chance. Unsicherheit und Verheißung. Umbruch und Aufbruch. Sie ist komplex und dabei manchmal so einfach, dass wir vor lauter Bäumen den Wald nicht sehen. Fest steht: Führung wird in all dem eine zentrale Rolle spielen. Und: Entscheider werden dafür zwei Dinge brauchen. Zum einen mehr Reife. Zum anderen Fähigkeiten, die für manche Führungskräfte eine Verhaltensänderung um 180 Grad bedeuten (Abb. 1).

Aber der Reihe nach. Digitalisierung ist ja letztlich nur ein Sammelbegriff für vieles, das sich gerade verschiebt. Klar, der technologische Fortschritt bringt Änderungen mit sich. Manche sind dramatisch, weil Geschäftsmodelle

Abb. 1 Althergebrachtes zurücklassen

zusammenbrechen oder Prozesse komplett neu gedacht werden können – etwa durch künstliche Intelligenz oder 3D-/4D-Druck in der Produktion. Aber analog passiert ebenso viel: Die Globalisierung schreitet voran, Werte verschieben sich, unsere Gesellschaft überaltert. Die Kräfteverhältnisse auf Märkten werden neu definiert, China entwickelt sich zum Innovationschampion. Durch das politische Armdrücken der großen Mächte drohen Handelskriege. Wahrlich keine Zeit für Alltagstrott und Gegenwartsverklärung.

Was also ist gefordert von denen, die die Herausforderung Zukunft annehmen? Im Wesentlichen sind es Lernbereitschaft und der unbedingte Wille, sich persönlich zu entwickeln. Wer zusätzlich fähig ist, Macht aufzugeben und dennoch positiven Einfluss auszuüben, wird zu den Gewinnern im neuen Wirtschaftsgefüge gehören. Denn für diese Fach- und Führungskräfte eröffnen sich neue Wirkungsfelder, die den Übergang in das digitale Zeitalter vereinfachen. Diesen Wirkungsfeldern entsprechen sechs Kernkompetenzen:

1. offene Kommunikation in alle Richtungen,
2. Menschen empowern,
3. Veränderung organisieren,
4. experimentieren und aus Fehlern lernen,
5. Selbstorganisation fördern,
6. Sinn stiften.

Offene Kommunikation in alle Richtungen

Kommunikation ist der sichtbare Teil unserer sozialen Kompetenz. Wir stellen Kontakt her, schaffen Zugehörigkeit und zeigen unser Ich nach außen. Für Chefs bedeutet Kommunikation, Momente der Wahrheit zu nutzen und Gemeinsamkeiten *(common ground)* zu schaffen. Zu sagen, wo es langgeht. Orientierung zu geben. Zu vermitteln, welches gemeinsame Bild der Zukunft wir anstreben. Komplexität auf ein verständliches Maß zu reduzieren und für eigene Visionen zu werben. Zusammenarbeit zu ermöglichen, wo unterschiedliche Wahrheiten und Blickwinkel diese bisher verhindert haben.

Barrieren zu überbrücken und dabei eigene Interessen zum Wohl der Allgemeinheit in den Hintergrund zu stellen. Zu inspirieren statt zu erklären. Dort psychologisch zu wirken, wo Logik kraftlos ist. Durch Strahlkraft Allianzen mit denen zu schmieden, die Teil unserer Zukunft sind. Und gleichzeitig eine Fähigkeit zu zeigen, die vielen Menschen fehlt: Zuhören. Allianz-Chef Oliver Bäte ging in Herbst 2017 sicher nicht zufällig auf Listening-Tour durch Deutschland, um Mitarbeiter und Kunden zu treffen. Um das auf sich wirken zu lassen, was andere denken. Fremdperspektiven zu sammeln und zu dem zu bündeln, was einen attraktiven Weg für viele zeichnet. Bewusst auch jene zu Wort kommen zu lassen, die keine Stimme haben, aber einen wesentlichen Beitrag leisten können. Die richtigen Fragen zu stellen, um Menschen auf der Ebene von Gefühlen, Werten und Überzeugungen zu aktivieren. Sich inspirieren zu lassen, um aus dem Unbewussten neue Ideen zu schöpfen, statt mit Lieblingslösungen in der Erstarrung zu landen. „Das ist wie Rheuma, das dich unbeweglich macht in einer Welt, in der wir uns neuer Technologie, neuen Modellen und neuen Systemen anpassen müssen", wird der Teilnehmer einer Führungskräftekonferenz zitiert. Gutes Zuhören schafft ein fruchtbares Klima – Otto Scharmer (2016) nennt es in seiner U-Theorie Generative Listening: das Vorstoßen in neue Denk- und Lösungsräume durch Zuhören (siehe Kap. „Zuhören und Loslassen als Führungsdisziplin").

Ein Beispiel

Der Geschäftsführer eines deutschen Maschinenherstellers weiß, dass sich die Herstellung der Maschinen nur dann in Deutschland halten lässt, wenn Kostenvorteile bei gleichbleibender Qualität erzielt werden. Auf dem Reißbrett ist schnell klar: Eine neue Produktion muss her, Berater von Premiumherstellern haben dafür Pläne in der Tasche. Alte Produktionshallen sollen abgerissen, neue aufgebaut werden. Automatisierung à la factory 4.0, neue IT-Systeme für effizientere Lieferketten, Erkenntnis aus der Arbeitspsychologie für eine produktivere Arbeitsumgebung, die einladend und gesünder ist. Das Rechenexempel zeigt: Deutliche Kostensenkung und höhere Effizienz sichern den Standort und alle Arbeitsplätze. Stolz zeigt der Chef die Zahlen der Belegschaft und erntet erbitterten Widerstand. Man misstraut der Logik des Chefs, fühlt sich überrumpelt, hält an lieb gewonnen Gewohnheiten der Vergangenheit fest. Für Arbeitnehmervertreter ein gefundenes Fressen, denn mit Konflikt lässt sich Stimmung machen. Die Eigentümerfamilie ist beunruhigt: Kriegt der Chef das hin? Er selbst ist verzweifelt. Die verheißungsvollen Zahlenreihen und Tabellen waren wirkungslos. Auch eine nochmalige Erklärung vor kleinerem Publikum – Betriebsrat und ausgewählte Meister – verpufft.

Plan B muss her. Aber woher nehmen? Der Geschäftsführer stößt an seine Grenzen. Er entscheidet sich für die Zusammenarbeit mit einem Coach. Auftrag: Mindset und Capabilities für den Change – auf Deutsch eine gesunde Haltung zu der Veränderung und die dafür erforderlichen Kommunikationsfähigkeiten. Daraus entsteht eine intensive Begleitung durch den gesamten Veränderungsprozess, durch die der Coachee anfängt, vom System her zu denken statt von der Datenanalyse. Zu seinem mechanistischen Weltbild von Ursache und Wirkung kommt der Blick auf die gefühlte Unsicherheit von Menschen. Stakeholderanalysen machen klar, wer in die Veränderungen eingebunden werden muss. Psychologik statt Logik verändert seine

Gespräche, in denen es nicht mehr um das Überzeugen auf der Sachebene, sondern um die gemeinsam entwickelte Vision für die Zukunft geht. Er schafft einen offenen Dialog, durch den sich Einstellungen verändern und weiter entwickeln. Durch intensives Zuhören entsteht Empathie für die andere Seite. Er baut Brücken zu allen Beteiligten, die anfänglich gegen die Veränderung waren. Aus „Ich habe Recht" – einer gegen alle – wird allmählich eine Gemeinschaft, in der Kommunikation ihren ursprünglichen Zweck erfüllt: Etwas zur gemeinsamen Sache zu machen.

Die Zusammenarbeit zwischen Coach und Coachee hat zwei Dinge bewirkt: Auf der Ebene der persönlichen Entwicklung hat der Coachee verstanden, dass Logik und Sachebene – so gut die Argumente auch sein mögen – in komplexen Veränderungsprozessen nicht die Zweifel aus dem Weg räumen und schon gar nicht die Bereitschaft von Menschen wecken, an der Veränderung mitzuwirken. Er hat begriffen, dass er die Menschen auf der Ebene von Beziehungen und Einstellungen emotional erreichen muss, um aus dem bedrohlichen Umbruch einen attraktiven Aufbruch zu machen. Das Ganze ist verknüpft mit einer interessanten Wechselwirkung zwischen Ich-Entwicklung und dem Erwerb von Fähigkeiten. Das „Probierhandeln" mit neuen Fähigkeiten führte zu neuen Einsichten (Psychologik statt Logik), umgekehrt machte die Reflexion über das Verhalten den Weg frei, neues Verhalten in die Persönlichkeit zu integrieren.

Menschen empowern

Empowern (ermächtigen) ist ein Begriff, der, wenn auch mitunter überstrapaziert, nicht oft genug bemüht werden kann, solange Chefs nicht das umsetzen, was die Motivationsforschung schon lange weiß: Menschen erzeugen inneren Antrieb aus dem Gefühl der Autonomie und der Wertschätzung, die sie zu einem Teil von etwas Ganzem macht. Motivation ist gleichzeitig mit Punkt 4 Abschn. „Experimentieren und aus Fehlern lernen", Punkt 5 Abschn. „Selbstorganisation fördern" und Punkt 6 Abschn. „Sinn stiften" verbunden, auf die wir noch eingehen werden. Empowern ist das Gegenteil von reinem Powern, dem Ausüben von Chefeinfluss durch die geliehene Macht einer hierarchischen Organisation. Gerade die Macht, die qua Status in einem Organigramm definiert ist, führt zur Demotivation, wenn sie aus der Mitarbeiterperspektive offensichtlich dafür missbraucht wird, die eigene Position zu zementieren.

Welche Fähigkeiten werden benötigt, um andere zu empowern? Hier sind zwei Ebenen zu betrachten: die der Persönlichkeitsentwicklung und die der Skills, von denen einige nur im Zusammenspiel mit der persönlichen Entwicklung ihre Wirkung entfalten. Ein Beispiel: Empowern setzt voraus, dass Chefs zu einer Art serviceorientiertem Dienstleister werden, ohne ihr Team zu kontrollieren. Wer also den Zug in sich trägt, als Kontrollfreak die dritte Stelle hinter dem Komma im Blick zu behalten oder per Mikromanagement den Arbeitsergebnissen einzelner hinterherjagt, wird sich mit Empowern schwertun. Denn dort sind Fähigkeiten gefragt, die das Gegenteil voraussetzen:

* Loslassen
* Mitarbeiter coachen, um sie zu entwickeln
* Zusammenarbeit organisieren und moderieren
* Stärken identifizieren und entsprechend einsetzen
* Wissen und Erfahrungen in verständlicher Weise weitergeben, um andere dadurch wachsen zu lassen
* Offenes Feedback als Lernmuster in der Organisation etablieren, das Menschen für ihre Entwicklung brauchen
* Aus dem Verständnis von Verhalten und Wirkung neue Verhaltensweisen ableiten, um eine andere Wirkung zu erzielen

Größtes Risiko: Chefs kündigen an, ihre Mitarbeiter zu empowern, bleiben aber in ihrem Kontrollmuster. Als Mikromanager haben sie dann zwar das Gefühl, andere zu empowern, ihre Kontrolle wird auf der anderen Seite aber als massive Einmischung wahrgenommen.

Die Erfahrung zeigt, dass Coaching bei der Entwicklung des Empowerns als Fähigkeit wertvolle Unterstützung leisten kann. Diese reicht von der Veränderung von Einstellungen und der Veränderung von Glaubenssätzen („Das geht nicht ohne mein Zutun", „Ohne mich bekommt der das nicht hin") bis zur Vermittlung von Kommunikationstechniken. Dadurch entstehen eine neue Führungshaltung und neues Verhalten, durch das Menschen in ihrer Autonomie bestärkt und wertgeschätzt werden. Begleitung von außen ergibt darüber hinaus Sinn, um in gemeinsamen Reflexionsprozesse die Früchte der Arbeit zu ernten: Wo sehe ich durch das neue Verhalten positive Veränderungen und wie kann ich dieses Verhalten noch stärker in meine Haltung integrieren?

Daraus entsteht ein Wirkungsfeld, das zu einem Teil aus der traditionellen, visionären Führung besteht: Führungskräfte vermitteln in dieser Haltung ein Zukunftsbild, das emotional ansteckend ist. Zusätzlich schaffen Führungskräfte, die andere empowern, einen größeren Entscheidungs- und Handlungsspielraum und setzen so wichtige Ressourcen für die Ausgestaltung der Zukunft frei.

> **Dadurch ergeben sich zwei Führungsstile, die sich wie folgt abgrenzen lassen (Kearny 2017):**
>
> Visionäre Führung: Die Führungskraft…
>
> - vermittelt attraktive Bilder der Zukunft.
> - spricht über Ziele und erstrebenswerte Zustände in der Zukunft.
> - gibt Orientierung, wie das ganze Team gemeinsam dorthin kommt.
> - weckt Hoffnungen und Wünsche, dafür einen Beitrag zu leisten.
>
> Führen durch Empowern: Die Führungskraft…
>
> - bezieht Mitarbeiter in wichtige Entscheidungen ein.
> - teilt Macht und Verantwortung mit dem Team.
> - überträgt verantwortungsvolle und wichtige Aufgaben und lässt große Freiheiten bei der Umsetzung.
> - erlaubt, Entscheidungen ohne Rücksprache zu treffen.

Veränderung organisieren

Die Veränderung der Zukunft heißt Transformation. Was ist das genau? Wirtschaftslexika sprechen von maßgeblicher und radikaler Veränderung, wodurch Unternehmen auf einer neuen, vorher nicht bekannten Ebene Wirkung erzielen. So betrachtet heißt Transformation für Führungskräfte, Veränderung in großem Umfang zu organisieren, die dafür erforderliche Veränderungskompetenz aufzubauen und ein gutes Gespür dafür zu entwickeln, wohin die Transformation führen soll.

Fest steht auch: Chefkommunikation wird in der Transformation noch wichtiger und steht dabei vor der speziellen Herausforderung, dass das Alte — Geschäftsmodelle, Strukturen, Formen der Zusammenarbeit — teilweise noch lange neben dem Neuen existiert. Mit doppelten Wahrheiten und Widersprüchen, manchmal sogar *double binds* — eine Art schizophrener Handlungsanweisung nach dem Motto „Bleib wo du bist, aber schreite voran." Ein typisches Beispiel: Eine Organisation verlagert den Vertrieb kontinuierlich ins Netz und baut dafür eine vertikale Plattform auf. Sicher, das ist das Modell der Zukunft. Das zeigen die Nutzungsdaten am Markt. Dadurch ändern sich Preis- und Rabattierungsmodelle und schaffen eine Art interne Konkurrenz zum klassischen Strukturvertrieb, der weiterexistieren muss — denn die Mehrheit der Kunden bestellt noch analog, nicht digital. Der Vertrieb wird an seinen alten Vertriebszielen gemessen, soll aber für die neuen Vertriebswege werben. Wie passt das zusammen?

Hier sind die Chefs gefragt, den Sinn der Transformation zu erklären und dort Sicherheit zu geben, wo

Verunsicherung entsteht. Wiederholt Botschaften auszusenden, die zwar die Widersprüchlichkeit nicht auflösen, aber dennoch Rückhalt in der Ambiguität bieten, die es auszuhalten gilt. Zur Ausgestaltung des Wandels einzuladen und die Erlaubnis zu geben, in dem gemeinsamen Lernprozess des Übergangs Erfahrungen zu machen und aus diesen zu lernen – sodass sich Widersprüchlichkeiten allmählich auflösen. Das Ganze auf Basis der situativen Wahrnehmung von Chefs, wo die Organisation im Umbruch emotional steht und was wo an wen kommuniziert werden muss, um die Transformation voran zu treiben. Dabei wird in Zukunft deutlich mehr systemisches Denken von den Führungskräften gefordert sein, als die Organisation vom Reißbrett der Organigramme zu entwickeln. Denn nur in der Momentaufnahme aus der Helikopterperspektive wird sich ermitteln lassen, welchen Gefühlszustand Chefs in der Transformation adressieren müssen und welche Botschaften genug Stabilität in Phasen der Unsicherheit schaffen.

Beratung für Führungskräfte ergibt hier doppelt Sinn: Zum einen, um Stabilität in einem unsicheren, widersprüchlichen Umfeld zu schaffen. Wie sonst sollen sie diese Stabilität anderen vermitteln? Zum anderen, um Feedback von außen darüber zu bekommen, ob die Vermittlung der Transformation überhaupt verständlich und nachvollziehbar ist, oder im kondensierten Fachsprech der Digitalisierung verborgen bleibt. Gleichzeitig geht es aber auch um die Entwicklung von emotionaler Kompetenz dort, wo die Transformation nach außen nur auf der Sachebene vermittelt wird, statt auf der Beziehungsebene zum gemeinsamen Aufbruch einzuladen und all jene in die

Veränderung mitzunehmen, die dort mit ihrem Wissen, ihren Fähigkeiten und ihrer Erfahrung gebraucht werden. Komplexe Prozesse müssen in Bausteine zerlegt werden, die den Fokus auf das Wesentliche erlauben und die Organisation handlungsfähig machen.

Experimentieren und aus Fehlern lernen

Die Zukunft wird unplanbarer, weil sich die Parameter ständig ändern. Wenn bisher aus der Analyse der Vergangenheit dauerhafte Handlungsstrategien abgeleitet werden konnten, gilt für die Zukunft, dass Prognosen zu schnell ihre Gültigkeit verlieren, um daraus langfristiges Handeln zu ermitteln. PriceWaterhouseCoopers hat in einer CEO-Umfrage die Volatilität von Rohstoffen als eine der großen Herausforderungen für Organisationen ermittelt (Nelly 2016). Das ständige Auf und Ab von Preisen entzieht Managern die Planungsgrundlage und ist nur ein Beispiel unter vielen für steigende Unsicherheit. Chefs werden deshalb zum Chief Reality Tester: Wie sieht die Wirklichkeit jetzt gerade aus? Passt unser Handeln noch oder müssen wir das Drehbuch kurzfristig umschreiben? Was haben wir bis jetzt getan, was können wir beibehalten? Wo haben wir Fehler gemacht und was lernen wir daraus? Was hat bisher funktioniert, muss aber wegen geänderter Voraussetzungen sofort an neue Anforderungen angepasst werden? Daraus entsteht ein evolutionärer Prozess, in dem Experimentieren und Probierhandeln der Organisationen das Überleben in der Zukunft ermöglicht,

statt über mittel- und langfristige Strategien an der veränderten Realität vorbei zu agieren.

Aber was löst der Begriff Experiment bei einem
Chef aus, der bisher erfolgreich mittelfristige Strategien
umgesetzt hat? Der Marktanalysen aus der Vergangenheit so nutzen konnte, dass ein vorhersehbarer Planungs-
zeitraum von mehreren Monaten oder Jahren entstand?
Der anhand vorab festgelegter Zwischenziele per Kriterien kontrollieren konnte, ob das Soll erfüllt ist? Vermutlich Unsicherheit und im besten Fall das Gefühl, dass ein
in der Vergangenheit bewährtes Muster in der Zukunft
nicht mehr funktioniert. Das berührt das Innerste der
Persönlichkeit und bietet Führungskräften die Chance,
den nächsten Schritt in ihrer persönlichen Entwicklung
zu machen. Der Entwicklungspsychologe Robert Kegan
(2015) hat eine brauchbare Landkarte für die Ich-
Entwicklung geliefert. Sein Fazit: Wenn wir Verhalten
ändern wollen, stehen uns oft Handlungslogiken im Weg.
Als unbewusste, ideologisch ausgeprägte Muster verhindern
sie auf bestimmten Stufen sogar die Persönlichkeitsentwicklung. Experimentieren in der digitalen Zukunft setzt
bestimmte Entwicklungen voraus, über die wir uns von
einem auf Planbarkeit und Kontrolle ausgerichteten Handeln lösen können. Deshalb ist der Impuls von außen als
Feedback, Fremdbild oder Reflexionsstütze für die Fähigkeit des Experimentierens in der Führungsrolle so wichtig.
Damit wird der Blick geöffnet auf Handlungslogiken, die
in der Selbstwahrnehmung verdeckt bleiben. Coaching ist
sicher nicht das einzige Mittel, solche Handlungslogiken
zu verstehen und zu ändern. Aber im Führungsalltag ist es
ein probates Instrument, das Erfahrungslernen fördert und

Führungskräfte gleichzeitig darin unterstützt, eine neue Haltung zu entwickeln und damit Wirkung auf einer ganz anderen Ebene entfalten zu können. Um beim Beispiel des Chefs mit mechanistischem Weltbild zu bleiben: Wenn er in seiner Entwicklung den Punkt erreicht, an dem er Alternativen zum Planen und Kontrollieren erkennt, wird er auf einer völlig anderen Ebene wirksam. Daraus kann ein „Growth Mindset" entstehen – eine Haltung, in der die eigene Entwicklung und die Entwicklung anderer nicht nur als Möglichkeit gesehen wird, sondern durch eigene Handlungen unterstützt wird.

> Die Organisationen, die am besten für die Zukunft gerüstet sind, sind die, die ihre Organisation als eine Art Schule betrachten, in der Erwachsene lernen und in ihrer Entwicklung unterstützt werden (…) Wenn man bedenkt, dass Organisationen sich nur so weit entwickeln können, wie sich ihre Mitarbeiter entwickeln können, führt gar kein Weg daran vorbei, darüber nachzudenken, wie wir Entwicklung kontinuierlich fördern (Robert Kegan 2015).

Führungskräfte, die persönliche Entwicklung ernst nehmen und das Experimentieren fördern, bilden gleichzeitig ein Umfeld aus, in dem Innovation wahrscheinlicher ist. Google Innovationchef Frederik Pferdt bringt es mit dem Satz auf den Punkt: „Um innovativ zu sein, braucht der Mensch Vertrauen in die eigenen Ideen. Und das entwickelt sich in einem Umfeld, das auf Neues positiv und im wahrsten Sinne neugierig reagiert." (Frederik G. Pferdt im Interview mit Pries J und Sommer C 2017). Experimentieren hat aber noch eine andere Bedeutung in der Organisation. Als spielerische Art der Zusammenarbeit trägt das Ausprobieren und aus Fehlern lernen („Play") entscheidend zur Motivation von Mitarbeitern bei (McGregor und Doshi 2015).

Selbstorganisation fördern

Selbstorganisation ist das große Thema unserer Zeit, aber sicher keine Neuerfindung. Frédéric Laloux (2015) schreibt in seinem Bestseller „Reinventing Organizations" über Organisationen, die schon lange auf der Basis von selbst organisierten Teams erfolgreich sind. Empowerment *at its best* sozusagen. Alle Laloux-Beispiele belegen, dass das Prinzip der Selbstorganisation zu einem deutlich größeren Beitrag des Einzelnen in der Organisation führt und die hierarchische Machtverteilung durch eine Art fließende Kompetenz-Hierarchie ablöst.

Ein Klassiker ist in dieser Hinsicht die Geschichte der die Neuerfindung von Harley-Davidson kurz vor dem Bankrott in den achtziger Jahren. Nach einem Management-Buy-Out erkannte die Unternehmensleitung, dass es nicht externe Berater sind, die am besten wissen, was die Zukunft für das Unternehmen sichert. Man zählte stattdessen auf die Wissensträger der Organisation – also die Menschen, die über viele Jahr die charakteristischen V-Zylinder der Harleys montiert und dabei ausreichend Wissen und Erfahrung angehäuft hatten, um die richtigen Entscheidungen für die Zukunft zu treffen. Harley-Davidson setzte das zirkuläre Management ein, um möglichst viele Mitarbeiter selbst organisiert einzubinden. Mit nachhaltigem Erfolg und hohen Wachstumsraten.

Alle Fallbeispiele haben einen gemeinsamen Nenner. Immer haben Menschen an der Spitze einer Top-Down-Organisation entschieden, Selbstorganisation als Organisationsprinzip einzuführen. Auf den ersten Blick paradox, auf den zweiten eine unabdingbare Voraussetzung, die klarmacht, was Selbstorganisation vor allem bedeutet: Die Aufgabe von Macht und damit verbundenen Insignien. Das fällt nicht jedem leicht, der sich lange für Macht und Einfluss eingesetzt hat und dabei gelernt hat, die Position zu halten. Ganz offensichtlich braucht es einen Impuls im persönlichen Reifeprozess einer Führungskraft, die zu dieser Einsicht führt. Laloux berichtet, dass seine Fallgeber an einem Punkt in ihrem Leben waren, an dem sie einfach nicht mehr anders konnten als Macht aufzugeben und durch die Ermächtigung anderer Selbstorganisation zu fördern. In seinem Buch „Die stille Revolution" schildert Upstaalboom-Chef Bodo Janssen (2016) die Phase seines Lebens, in der ihn eine durchaus schmerzhafte Entwicklung („Ein Schlag ins Gesicht") zu der Einsicht führte, dass die Menschen in seiner Organisation das wertvollste Gut sind. Er erkannte, wie sie ihre Fähigkeiten und Leidenschaften entwickeln, wenn genug machtfreie Zonen der Selbstorganisation und -bestimmung als Entfaltungsmöglichkeit entstanden sind. Was passiert, wenn diese Menschen Autonomie spüren? Aus Beratungssicht kommen hier zwei Dinge ans Licht, die für die Einführung von Selbstorganisation wesentlich sind:

Zum einen die Unterstützung der Ich-Entwicklung von Menschen, denen Macht auf einer höheren Entwicklungsstufe nicht mehr so viel bedeutet, dass sie heldenhaft daran festhalten müssen. Nicht „Ich bin der Experte, treffe die besten Entscheidungen", sondern: „Ich finde meine Erfüllung darin, Menschen so zu führen, dass sie durch Selbstorganisation und persönliche Entfaltung zufrieden und damit auch motivierter sind". Für die Mitarbeiter entsteht auf diese Weise ein Bewusstsein für das, was sie tun, Sie folgen nicht mehr nur der Cheflogik, die für sie eben manchmal einfach keinen Sinn macht. Das ist ein großer Schritt, der – wie einige der erwähnten Beispiele zeigen – durch Impulse von außen gefördert und stabilisiert werden kann.

Zum anderen braucht es Fähigkeiten, um die Zusammenarbeit in selbst organisierten Teams zu ermöglichen. Führung außerhalb des Top-Down-Musters erfordert deutlich mehr Moderationskompetenz. Wenn heute von Führung als serviceorientierter Dienstleistung die Rede ist, braucht es die Fähigkeit, alte Machtmuster zu identifizieren und aufzubrechen, damit die alte Top-Down-Struktur nicht durch die Hintertür wieder wirksam wird. Als Musterbrecher haben sich wirkungsvolle Methoden wie Scrum, Design Thinking, Lean Start up oder Otto Scharmers U-Theorie bewährt, weil sie Freiraum schaffen, Beteiligung ermöglichen und eine deutlich verbesserte Nutzung von Ressourcen in Prozessen bringen. In den sozialen Netzwerken kursieren inzwischen interessante Hybride dieser Modelle – meist Kombinationen und Mischungen von Scrum mit Lean Start up oder Design Thinking. Die wichtigste Kompetenz aus

Management-Sicht scheint also zu sein, ein Best-of dieser Modelle für den eigenen Bedarf zu definieren und dann zu testen, ob sie in der jeweiligen Organisation die gewünschten Ergebnisse bringen: Menschen zu unterstützen, sich selbst mit dem Ziel zu organisieren, über sich hinaus zu wachsen.

> Selbstorganisation ist kein Allheilmittel. Es braucht beides, Selbstorganisation und die klaren Ansagen des Chefs.

Wir glauben, dass traditionelle *Command & Control*-Hierarchien in ihrer Wirkung limitiert sind und auf lange Sicht fatale Schwächen haben. Dennoch funktioniert *Command & Control* in bestimmten Situationen besser und ist in einigermaßen aussichtslosen Situationen manchmal das einzige Mittel. Unter extremem Druck zum Beispiel, wenn der nächste Schritt das Aus bedeuten kann, ist die Autorität von Chefentscheidungen absolut notwendig (Rich Teerlink 2000, ehemaliger Vorstandsvorsitzender von Harley-Davidson).

Diese Mischung aus Selbstorganisation und klaren Chef-Ansagen begegnet uns auch in einem anderen System, in dem viele Selbstorganisation – oder zumindest die Außerkraftsetzung der Hierarchie und Austauschbarkeit der Führungsrollen – nicht vermuten; immerhin spiegelt die Anzahl der Streifen auf den Schulterklappen der Besatzung eine klare Hierarchie: Dem Flugzeugcockpit. Airlines haben tatsächlich seit den siebziger Jahren ein Führungsverhalten ausgeprägt, das beide Führungsformen beinhaltet. In abgegrenztem Raum und limitierter Zeit werden Ressourcen optimal genutzt. Rang spielt dabei keine Rolle, das Entwickeln der besten Lösung steht im Vordergrund. Jeder kann jeden ersetzen. Der Kapitän weiß, dass in diesen Momenten Prozessmoderation die nachhaltigsten Lösungen bringt. Oder wie ein Lufthansakapitän es einmal ausgedrückt hat: „Wenn ich selbst andeute, die beste Lösung zu kennen, habe ich die beste Lösung verhindert".

Als jedoch 2009 ein Airbus 320 von US Airways nach dem Start in New York La Guardia und dem Ausfall beider Triebwerke durch Vogelschlag auf dem Hudson landete, brachte der Kapitän in den anschließenden Interviews deutlich zum Ausdruck, was ihn zu seiner *Command & Control*-Entscheidung als Chef geführt hatte. Das Entscheidungsfenster betrug weniger als 10 h und es ging um 186 Menschenleben. Auf Basis seiner Erfahrung und Intuition entschied er alleine, dass die Landung auf dem Fluss die größte Wahrscheinlichkeit des Überlebens bot. Eine Entscheidung, durch die alle Menschen an Bord überlebten und es nur wenige Verletzte gab.

Sinn stiften

Purpose, Sinn, motiviert Menschen. Sinnvolles tun und mit dem Beitrag, den man leistet, gesehen zu werden. Daraus entsteht innerer Antrieb. Sinn stiften ist Führungsaufgabe und reicht von der Möglichkeit, sich als Mensch dahin zu entwickeln, wohin man strebt, bis zur Leistung eines Beitrages zum Großen und Ganzen in einer Gruppe, einem Team oder einer Organisation. Warum ist Sinn stiften in Zukunft so wichtig? Beschäftigt man sich mit den Herausforderungen des demografischen Wandels, stößt man nach geraumer Zeit unumgänglich auf die Generation Y. Generation Y steht für den Kern, der diese Generation ausmacht, sie beschäftigt sich intensiv mit dem „Warum" und scheut sich nicht, den eigenen Vorgesetzten in seinen Handlungen und Denkstrukturen zu hinterfragen (siehe Kap. „When two worlds collide. Babyboomer vs. Generation Y").

Die Rolle der Führungskraft liegt für sie nicht mehr darin, Anweisungen von oben herab zu delegieren, sondern als richtungsweisender Mentor Menschen in ihrer Entwicklung zu begleiten. Der Sinn ihrer Tätigkeit entsteht daraus, innerhalb ihres Wirkungsfeldes über sich hinauszuwachsen und die nächste Stufe der persönlichen Entwicklung zu erreichen. Dafür bedarf es Anleitung und Feedback seitens der Führungskraft. Sinn zu stiften ist damit ein ganz zentraler Motivationsfaktor.

Aber nicht nur kommende Generationen profitieren von dieser Führungshaltung: Die Gallup-Studie weist aus, dass in den letzten Jahren nur durchschnittlich 15 % aller Arbeitnehmer eine hohe Bindung zu Ihrem Unternehmen hatten (Gallup 2016). Und die anderen 85 %? Wer die große Masse wieder enger an die Organisation binden und ihren Antrieb steigern will, sollte Sinn stiften als Managementfähigkeit nutzen.

Wenn die sechs genannten Fähigkeiten für viele Führungskräfte eine deutliche Richtungsänderung bedeuten, braucht es eine starke Dynamik. Im Idealfall werden die Maßnahmen derart orchestriert und gebündelt, dass sie durch ihr Zusammenwirken stark genug sind, Haltungen zu verändern und damit neues Verhalten zu ermöglichen. Das intellektuelle Verständnis für die Notwendigkeit der Veränderung löst in der Regel keine Verhaltensänderung aus. Vielmehr werden Führungskräfte bestimmte Fähigkeiten erst im Zuge ihres Reifeprozesses entfalten können. Deshalb ist es einerseits empfehlenswert, die Persönlichkeitsanteile einer Führungskraft zu entwickeln, die Zugang zu anderen Wirkungsebenen schaffen. Andererseits bringt die Führung der Zukunft ihre PS nur in einer Kultur auf die Straße, in der zwei Dinge gefördert werden: Altes Führungsverhalten verlernen, neues Verhalten erlernen.

Führung wird vor allem dann gebraucht, wenn die Sachlage nicht eindeutig den Weg vorgibt. Wenn uns Ambiguität vor die Frage stellt, welche Richtung wir gemeinsam einschlagen. In den Umwälzungen der nächsten Jahrzehnte werden wir uns häufiger an Weggabelungen oder in unübersichtlichem Gelände wiederfinden, wo Führungskräfte noch stärker gefordert sind, eine klare Orientierung zu geben – unter Einbindung aller Stärken, Fähigkeiten, Ideen und Perspektiven, die die Menschen um sie herum mitbringen. Kommunikation wird dabei eine zentrale Rolle spielen. Als effektiver Teil unserer sozialen Intelligenz vermag sie das zu schaffen, wovon Organisationen in der Zukunft noch mehr brauchen, um zu wachsen: Vertrauen.

Mitwirken und Mitgestalten

Laura Farrenkopf und Andreas Seitz haben sich für Ihren Beitrag mit der Frage auseinandergesetzt, wie Wirkung auf Menschen in ihrem wirtschaftlichen Umfeld entsteht. Was motiviert uns selbst sowie Kollegen und Mitarbeiter, sich aktiv einzubringen, welche Strukturen bremsen uns eher aus? Wie entfaltet sich Wirkung innerhalb der komplexen Gefüge, die wir in Alltag und Beruf vorfinden? Die Autoren legen den Fokus hauptsächlich auf diejenigen, die im Management führen – aber jeder Mitarbeiter beeinflusst und führt damit auf seine Weise die Personen, mit denen er in seinem Umfeld interagiert und kommuniziert, sogar den Chef. Machen Sie sich diese Tatsache bewusst und gestalten Sie Ihre Einflussmöglichkeiten aktiv und fördernd.

1. Die Top-Down-Seilschaften der Vergangenheit tragen nicht mehr. Heute zählen Lernbereitschaft und die offene Kommunikation in alle Richtungen: Suchen Sie den Dialog mit anderen, lernen Sie ständig dazu.
2. Klammern Sie sich nicht an den Status Ihrer Position, sondern suchen Sie im Austausch mit den anderen flexibel nach den besten Lösungen. – Achten Sie die Beiträge und Argumente anderer als auf Augenhöhe. Antworten und überzeugen Sie vom Ziel her, nicht qua Amt. Sich von einem guten Argument überzeugen zu lassen, ist keine Schwäche!
3. Keine Angst vor Fehlern: Es gehört fraglos mehr Mut dazu, etwas zu tun, als jeder Entscheidung aus dem Weg zu gehen – aber nur aus der Vielfalt heraus entstehen Konzepte für zukünftige Aufgaben.
4. Fördern und ermutigen Sie andere, denn nur gemeinsam sind Sie stark.
5. Lassen Sie sich nicht von den Veränderungen treiben, sondern gestalten Sie diese mit. Lassen Sie sich engagiert auf die Mitarbeit in Veränderungsprozessen und die neuen Parameter ein, die Sie verunsichern – und Sie gewinnen eine neue, starke Souveränität.

Literatur

Gallup G-H (2016) Gallup Engagement Index 2016. http://www.gallup.de/183104/engagement-index-deutschland.aspx. Zugegriffen: 11. Febr. 2018

Janssen B (2016) Die Stille Revolution. Führen mit Sinn und Menschlichkeit. Ariston Verlag, München

Kearny E (2017) Visionäre und ermächtigende Führung: Führungsstile der Zukunft? Personal Quartely 1/2017. Haufe, Freiburg

Kegan R (2015) Adult mental development. The Keynes center. https://youtu.be/QVxjgFFjevg. Zugegriffen: 11. Febr. 2018

Laloux F (2015) Reinventing Organizations: A Guide to Creating Organizations Inspired by the Next Stage of Human Consciousness. Nelson Parker Millis, Massachusetts

McGregor L, Doshi N (2015) Primed to perform: How to Build the highest performing cultures through the science of total motivation. HarperBusiness, New York

Nelly D (2016). Redefining business success in a changing world. 19th Annual Global CEO Survey. Pricewaterhouse-Coopers. New York, Madrid

Pries J, Sommer C (2017) Google-Innovationschef Frederik G. Pferdt im Interview: Ja – und? Brand Eins Medien, Hamburg

Scharmer O (2016) Theory U: Leading from the Future as it emerges. Berrett-Koehler Westminster, Maryland

Teerlink R (2000) Harley's Leadership U-Turn. Harvard Business Review. https://hbr.org/2000/07/harleys-leadership-u-turn. Zugegriffen 11. Febr. 2018

Digitale Transformation gestalten. Sechs Thesen zur Wirkung der Executive Communication in Veränderungsprozessen

Christian Zabel und Henrik Schmitz

Inhaltsverzeichnis

C. Zabel (✉)
Köln, Deutschland
E-Mail: christian.zabel@th-koeln.de

H. Schmitz
Bonn, Deutschland
E-Mail: henrik.schmitz@telekom.de

© Springer Fachmedien Wiesbaden GmbH, ein Teil von
Springer Nature 2019
S. Wachtel und S. Etzel (Hrsg.), *Jeder kann wirken*,
https://doi.org/10.1007/978-3-658-20123-4_13

Zusammenfassung Als das Internet in die Privathaushalte ein-
zog, konnten nur wenige sich vorstellen, dass die digitale Revolution erst noch bevorstand. Es geht längst nicht mehr um neue
Technik: Wir verändern die Abläufe in allen Bereichen unseres Lebens radikal. Denn die disruptive Umgebung verlangt
disruptive Prozesse. Nur, wer die Strukturen der Executive-
Kommunikation versteht, kann sie für sich nutzen und letztlich
Wirkung entfalten.

The digital revolution is over (Nicholas Negroponte).

These 1: Digitalisierung ist mehr als Technik, es ist eine Haltung!

Die digitale Revolution ist vorbei. Diese etwas steile These
stellte der Medienwissenschaftler Nicholas Negroponte
schon 1998 in der Zeitschrift „Wired" auf. Er machte damit
deutlich, dass „digital" das neue „normal" ist. Die wirklich
überraschenden Veränderungen liegen Negroponte zufolge
nicht nur in der Technik, sondern darin, „wie wir gemeinsam
unser Leben auf diesem Planeten gestalten" (Abb. 1).

Wir würden Negroponte insofern widersprechen, als
dass die Innovationsdynamik immer noch enorm ist,

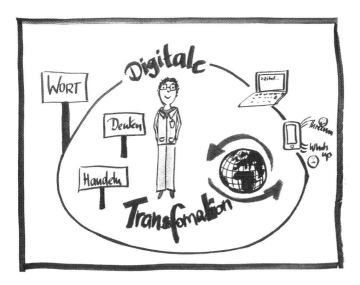

Abb. 1   Digitale Transformation

getrieben durch exponentiell ansteigende Rechenleistung und zahllose Möglichkeiten, neue Technologien miteinander zu kombinieren. Etwa im Internet der Dinge, das gerade erst Fahrt aufnimmt. Oder mit Blick auf Künstliche Intelligenz, durch die moderne Zentauren als Mischwesen aus Mensch und Maschine schon am Horizont erscheinen. Es werden also auch ethisch spannende Zeiten. Executives, die eine kommunikative Strategie für ihr Unternehmen in diesem Umbruchprozess suchen, müssen sich daher zunächst dessen Rahmenbedingungen vor Augen führen. Eines ist dabei klar: Digitalisierung ist mehr als ein bloßes IT-Thema. Sie betrifft die ganze Gesellschaft und damit erst recht alle Bereiche eines

Unternehmens: Von der Strategie über Marken und Produkte bis hin zu Personal und Organisation.

Dieser übergreifende Charakter bedeutet, dass sich mit der Digitalen Transformation neben der ‚Hardware' von Organisationsstruktur und IT-Systemen auch die ‚Software' von Prozessen und Arbeitsweisen verändert. Die Matrix- oder Funktionalorganisation wandelt sich etwa zur Pool- und Projektorganisation. Barrieren innerhalb der Unternehmen müssen aufgebrochen werden, um die Adaptionsgeschwindigkeit zu erreichen, die der digitale Wandel vorgibt. Während die klassische Organisation in Funktionen (Finance, Marketing, IT etc.) denkt, muss die neue Organisation vor allem in Kundenerlebnissen denken, also eine End-to-End-Verantwortung übernehmen. Dies erfordert eine Überwindung des „Expertenstolz" und der Selbstoptimierung innerhalb der eigenen Funktionen. Es erfordert, disruptiv zu denken statt Schritt für Schritt, und dabei auch Risiken einzugehen. Das alles sind Punkte, die den Erfolg von Startups ausmachen, die aber in größeren und klassischen Organisationen geradezu eine Umkehrung der Haltung erfordern, die bislang Karrieren garantierte.

Hinzu kommt eine neue Komplexität der Steuerung. Haltungen von Menschen sind zunächst nicht sichtbar, sondern manifestieren sich in bestimmten Verhaltensweisen. In früheren Zeiten war eine Steuerung von Mitarbeiterinnen und Mitarbeitern allein auf der Verhaltensebene denkbar. Einfach, indem gewünschtes Verhalten belohnt und ungewünschtes Verhalten sanktioniert wurde. Eine eventuell konträr zum Verhalten stehende innere Haltung war aufgrund geringer Innovationsgeschwindigkeiten und klar definierter Ziele weniger relevant. In der Digitalisierung ist dies grundlegend anders. Weil die Innovationsgeschwindigkeit hoch ist, Ziele sich ändern und Organisationen in ständig neuen Konstellationen zusammenfinden und auseinandergehen, ist es unmöglich, jeweils gewünschtes Verhalten genau zu definieren. Darum muss es das Ziel sein, Mitarbeiterinnen und Mitarbeiter auf der Ebene ihrer Haltungen zu erreichen.

Dies kommt einer kulturellen Revolution gleich, in der die Kommunikation auch und gerade von Führungskräften und insbesondere des Top-Managements eine Schlüsselrolle einnimmt. Denn sie zielt auf eine stärkere Selbstbefähigung der Mitarbeiter. Sie hilft, die drei wesentlichen Wandelbarrieren – Wissen (Nicht Können), Motivation (Nicht Wollen) und Organisation (Nicht Dürfen) – gleichermaßen zu überwinden.

These 2: Es fängt mit der Sprache an

„Am Anfang war das Wort" – Sprache bestimmt Denken und Handeln. Sie ist damit Werkzeug zur Veränderung. Eine ‚digitale Sprache' löst alte Denkmuster auf. Sie stößt neues, digitales Handeln im Sinne der genannten Haltung an. Die Sprache vieler Entscheider im deutschsprachigen Umfeld leistet aber genau das nicht. Sie ist sozusagen noch analog. Das bedeutet:

* Sie ist schwerfällig. Redetexte sind in Schriftdeutsch verfasst – und werden auch so gehalten. Hinterm Rednerpult, dieser holzgewordenen Phalanx gegen die Nähe zum Publikum und das Glatteis der freien Rede.

Es beginnt mit „Ich bin froh heute hier zu sein". Es endet mit einem Zitat von Goethe oder – man gibt sich modern – Steve Jobs. Im schlimmsten Fall wird auch nur das Buffet eröffnet. Der Sprache merkt man dabei ihren Weg durch die verschiedenen Abteilungen eines Unternehmens regelrecht an. Sie wirkt wie Stückwerk und dadurch unecht. Das digitale Gegenstück ist der TED-Talk.

* Sie ist unverständlich. Schachtelsätze, Passiv- konstruktionen, Fremdwörter, Substantivierungen statt Verben, mehrere Aussagen in einem Satz. All das ist Gift für die Verständlichkeit. Dabei bietet die Digitali- sierung Anwendungen an, mit denen Texte problemlos auf ihre Verständlichkeit hin überprüft werden kön- nen. Ähnlich wie die Rechtschreibprüfung im Textver- arbeitungsprogramm.

* Sie ist unpräzise. Der Empfänger erhält Weichspüler, wo er Klarspüler bräuchte. Gerade im Wandel braucht ein Unternehmen Leitplanken und Wegweiser. Es geht um die klassischen W-Fragen: Wer, was, warum und – allerdings mit Einschränkungen – wie. Es geht aber auch darum, mit der Sprache ein einheitliches Ver- ständnis für verschiedene (Neo-) Begriffe herzustellen und Organisationen auf gemeinsame Ziele auszu- richten (Alignment). Gerade in internationalen Unter- nehmen ist diese Herausforderung groß. Psychologen und Hirnforscher stellen fest, dass unterschiedliche Sprachen unterschiedliches Denken produzieren. Ziel muss es aber sein, einen einheitlichen Rahmen für das Denken – und damit Handeln – zu schaffen. Floskeln und die berühmten Buzzwords entwickeln sich so zum

Boomerang. Denn die vermeintliche Klarheit sorgt in Wahrheit für Interpretationsspielräume bei den Empfängern. Diese werden dann gern genutzt. Und in den seltensten Fällen im Sinne der beabsichtigten Ziele.

Eine ,digitale Kommunikation' leistet also das genaue Gegenteil. Sie ist agil, präzise und verständlich. Sie ist darüber hinaus bildhaft. Sie bedient sich Metaphern, denn diese wirken als Dolmetscher. Sie übersetzen ein abstraktes Konzept in eine konkrete Erfahrung. Auf der sprachlichen Ebene reduzieren sie Komplexität. Dadurch ermöglichen sie umgekehrt ein immer komplexeres Denken. Jede Metapher steht für eine Komplexität, die mit weiteren Komplexitäten in Beziehung gesetzt werden kann. Dadurch steigt das Komplexitätsniveau insgesamt. So angewandt, wird die Sprache zu einem „Entwicklungshelfer für das Denken". Sie regt die Kreativität des Publikums an. Sie ermöglicht agiles Handeln.

These 3: Adaption und Agilität als Kernwerte, auch in der Kommunikation

Der digitale Wandel setzt genau dieses agile Handeln voraus. Der Großteil der Unternehmen wird seine Wettbewerbsumwelt heute vermutlich als VUCA bezeichnen. Das amerikanische Militär bezeichnet damit Gefechtssituationen, die „volatile, uncertain, complex, ambiguous" sind. Zum Beispiel, wenn neue, branchenfremde Wettbewerber in etablierte Märkte eintreten, ihre Produkte mithilfe digitaler Instrumente schnell skalieren und so mit disruptiven Innovationen bestehende Anbieter bedrohen – man denke beispielweises an Tesla, uber, airbnb.

Wenn Wettbewerber technologiegetrieben ‚aus dem Nichts' auftauchen können, kommt die klassische strategische Planung an ihre Grenzen. Dies legt eine stärker iterative Arbeitsweise und Steuerung nahe, wie sie der „Auftragstaktik" im Militärischen entspricht. Statt genauer Handlungsanweisungen werden vielmehr Ziele definiert, die von den Ausführenden in eigenständiger Herangehensweise erreicht werden sollen – durch methodisches Experimentieren, datenbasierte Analysen und fortlaufende Optimierung. Unternehmen müssen hierfür den Rahmen schaffen: Einerseits in der Führung, die stärker auf Selbststeuerung von Teams setzt und die Führungskraft als Coach und Mentor begreift. Andererseits durch eine flexible Organisation, die datenbasiertes Lernen und eine Ad- hoc-Anpassung der Organisation ermöglicht.

Das gilt dann auch für die Kommunikation: Sie muss mit Ungefährem leben. Sie muss Richtung und Struktur vorgeben. Zugleich müssen sich die Kommunikatoren bewusst machen, dass sie keine absoluten Weisheiten enthalten kann – dafür ist die Dynamik zu hoch. Die Herausforderung liegt in der kommunikativen Flexibilität, ohne in die Falle der Beliebigkeit zu tappen.

Dies gilt auch für einzelne Auftritte und Reden. Eine digitale Kommunikation antizipiert die Situation eines Raumes. Sie saugt das Bedürfnis des Publikums auf und bleibt darum mindestens im Stil, zum Teil aber auch im Inhalt variabel. Sie bedient sich aus einem modularen Baukasten an Argumenten, Beispielen und Leitsätzen, die jeweils der Situation angepasst zu einem großen Ganzen neu kombiniert werden können. Dem „Neuen" auf Seiten des Empfängers steht dabei ein bewältigbares Paket an Inhalten beim Sender gegenüber, die verinnerlicht und abrufbar sein müssen. Vor allem muss dem Reden, Zeigen, Sprechen in der digitalen Kommunikation auch ein Handeln, Erleben, Teilhaben gegenübergestellt werden.

These 4: Der Wandel muss erlebbar sein – mehr als nur hören und lesen!

Hier geht es im ersten Schritt um Formate – vielleicht sogar mehr denn je. Denn so wie das Silicon Valley trotz aller Technologiegläubigkeit zunächst ein People's Business ist, das erheblich von persönlichen Kontakten, Netzwerken und räumlicher Nähe profitiert, so muss gerade auch Digitalisierung für die Mitarbeiter, Kunden und Partner erlebbar gemacht werden. So genannte „Maker Days", neue Event-Formen wie Barcamps und Hackatons, Townhalls: All das sind wesentliche Elemente eines „erlebbaren Wandels". Und hier müssen Führungskräfte sich aktiv einbringen: um sich selbst des Themas zu vergewissern und in der Diskussion mit Mitarbeitern und durch Mitarbeit den Wandel erlebbar und glaubwürdig zu machen.

Hinzu kommt eine Öffnung hin zu den Startups, deren Kultur man mindestens teilweise adaptieren möchte. Dies kann durch Co-Working-Center geschehen, die in die Unternehmensgebäude integriert werden und so Begegnung ermöglichen. Unternehmenseigene Inkubatoren und Venture-Capital-Abteilungen sorgen ebenfalls für

Nähe zu Digitalunternehmen. Sie sind aber nicht nur strategische Daseinsvorsorge und Frühwarnsysteme für disruptive Entwicklungen. Sie katalysieren den Kulturwandel in Unternehmen, indem sie Startups und Mitarbeiter der Kern-Organisation in konkreten Projekten zusammenbringen. So können die neuen gewünschten Arbeitsweisen erlebt und verinnerlicht werden. Executives müssen diese Elemente als Teil ihrer Kommunikationsstrategie begreifen. Seeing is believing.

Drittes Element ist die Unternehmens-Architektur. Die eindrucksvollen Neubauten im Silicon Valley – insbesondere das „Ufo" von Apple – stehen sinnbildlich für einen Aufbruch in eine neue Zeit. Das Gebäude überträgt sozusagen Haptik und Image des Hauptprodukts iPhone auf die Arbeitsumgebung und setzt damit ein unübersehbares Statement. Auch hier kommt es auf Authentizität an. Wie negativ sich ein Bruch zwischen gewünschter Unternehmenskultur und Architektur auswirkt, erkennt man an den Bankentürmen in London, New York oder Frankfurt am Main. Standen diese früher für bewunderte und zum Teil beneidete Macht, Geld und Seriosität, sind sie heute nur noch ein Sinnbild für Hybris und Überheblichkeit.

Wer Wandel will, muss diesen also auch erlebbar machen. Natürlich kann nicht jedes Unternehmen neue Firmenzentralen bauen. Aber ein „Refresh" des Bestehenden, der die Unternehmenshistorie nicht verleugnet sondern aufgreift, ist für einen Kulturwechsel unerlässlich. Dazu gehören offene Bürowelten, die sowohl Kooperation als auch Rückzug ermöglichen und die projektbezogenes Arbeiten auch jenseits steriler

Konferenzräume unterstützen. Aus der Innovations-
forschung ist bekannt, dass die zufällige Begegnung von
Mitarbeitern unterschiedlicher Denkrichtungen und
Funktionen ein wichtiger Katalysator für neue Entwicklungen ist. Anders gesagt: Wenn die Einstellungs-
praxis zwar das Prinzip der Diversity beherzigt, diese
Vielfalt dann aber in die Legebatterien klassischer Büro-
strukturen gesteckt wird, verpufft die erwünschte Wirkung. Diversity und Interaktion müssen Hand in Hand
gehen.

Neue Arbeitsumgebungen sind darum dem
„Latte-Macchiato-Arbeitsplatz" der digitalen Bohème
nachempfunden – nicht zuletzt, um die Zielgruppe der
Millennials zu gewinnen, die jenseits klassischer Büro-
strukturen sozialisiert worden sind. Nämlich zum Beispiel
in Cafés, wo sie auf andere Tüftler und Entwickler treffen,
mit denen sie sich austauschen und zu spontanen Projekten zusammenfinden. Dazu braucht es also Kaffeeküchen
als einladende Meeting-Points, Sofalandschaften statt
Drehstühlen, Designklassiker, die Einfachheit ausstrahlen,
aber auch neues Design. Optische „Aufreger" als „para-
doxe Interventionen" gewohnter Denkstrukturen sind Teil
einer solchen Architektur. Gleichzeitig spiegelt dies auch
die neue Projekt- und Poolorganisation wieder. Das Büro
als Statussymbol, bei dem man die Macht der Managers
an der Anzahl der zur Verfügung stehenden Quadratmeter
und Fenster ablesen kann, hat ausgedient. Neue Büros
sind ebenfalls hierarchiearm.

These 5: Der Ton wird (nicht nur) an der Spitze gesetzt

Die gerade beschriebenen ergänzenden Elemente müssen dann in eine Kommunikationsstrategie eingebettet werden. In vielen Unternehmen wird dabei bis heute strikt hierarchisch gedacht. Das heißt, sie folgt der analogen Logik aus einem Absender und vielen Empfängern. Die Entscheidungsebene tritt auf als Welterklärer. Sie begeistert nicht das Publikum, sondern sie begeistert sich an sich selbst. Stattdessen müsste die Kommunikation der digitalen Logik einer vernetzten Community folgen. Diese besteht aus Empfängern, die jeweils selbst Sender sind. Jede Rede, jede Kommunikation ist somit Einladung zum Dialog, die eingelöst wird zum Beispiel auf sozialen Netzwerken. Das ist der Ton, den die Spitze setzen muss. Und der sich dann im Unternehmen fortsetzt. Zwar ist der Top-Management-Support wie bei allen Veränderungsprozessen entscheidend. Aber bei Digitalisierung geht es um Teilhabe, um Flexibilisierung und Agilität – das muss sich in der Vermittlung niederschlagen.

Kommunikationsabteilungen, die das nicht beherzigen, haben ausgedient. Das Ziel muss sein, möglichst viele im Unternehmen zum Kommunikator zu machen. Im Idealfall sogar die Kunden. Es geht darum, einen konstanten Nachrichtenstrom zu generieren: Eine Geschichte, aber viele Stimmen. Die zentrale Kommunikation setzt hier die Akzente; ansonsten moderiert sie – auch und gerade – die nicht offiziellen Kommunikatoren. Das kann das LinkedIn-Update des motivierten Projektmanagers sein oder auch der Blogpost des Serviceteams auf Twitter. Erster Vorteil: Neue Thesen und Inhalte können schnell auf ihren Erfolg beim Publikum getestet werden. Zweiter Vorteil: Sie motivieren die entscheidenden Change Agents, die den Wandel zu einer neuen Unternehmenskultur vorantreiben.

Gruppieren können sich diese Stimmen um „kommunikative Superstars", die das Spiel des „Personal Branding" perfekt beherrschen. Die also nicht nur Zuhörer haben, sondern Follower. Deren Botschaften also per se eine höhere Relevanz unterstellt wird und deren Aufmerksamkeit dadurch steigt. Für die Leitungsebene ist es entscheidend, diese kommunikativen Superstars zu identifizieren und sich mit ihnen zu vernetzen. Dies erfordert auch, dass der CEO solche Superstars neben sich duldet, fördert und für die Kommunikationsziele des Unternehmens einsetzt.

All das ist Teil der Anpassung an die veränderten Gewohnheiten der Nutzer. In der „Ökonomie der Aufmerksamkeit" buhlen unzählige Botschaften um die Wahrnehmung durch ein Publikums. Gleichzeitig sinkt die Aufmerksamkeitsspanne. Kommunikation ist somit ständige Performanz. Wer bei einer Rede nicht mit dem Einstieg reüssiert, hat schon die Hälfte der Zuhörer verloren. Analog dazu entscheiden schon die Reaktionen (Likes) in den ersten fünf Minuten nach Veröffentlichung eines Beitrags zum Beispiel bei Youtube darüber, ob dieser höher gerankt und damit aufgefunden und „konsumiert" wird. Wer nicht durchgehend unterhält, verliert das Publikum auf der Reise. Wer keine „One-Liner" im Angebot hat, wird in sozialen Medien nicht zitiert. Wer nicht mit einem emotionalen Höhepunkt endet, wird vergessen. Gleichzeitig erwartet das Publikum professionelle Authentizität, die auch professionell hergestellt wird, wobei die Zuschreibung der Authentizität selbst volatil ist. Botschaft und Absender müssen kongruent sein. Darum tritt ein Dieter Zetsche sehr bewusst im T-Shirt mit der Aufschrift „Do epic shit" in Erscheinung. Darum spricht er nicht mehr nur auf der IAA in Frankfurt, sondern auch bei der South by Southwest (SXWS) in Austin/Texas. Der Grad zur Anbiederung ist dabei schmal. Führungskräfte müssen glaubwürdig und authentisch wirken – das wird in Zukunft noch wichtiger.

These 6: Digitale Kompetenz: Führungskräfte brauchen ein digitales Credo

Für diese Positionierung brauchen Executives zunächst einen Überblick. Haben Sie heute schon über Blockchain, Internet of Things oder Autonomes Fahren geredet? Oder die Auswirkungen von Big Data auf Ihr Geschäft? Oder der Künstlichen Intelligenz? Oder, oder…? Digitalisierung wird häufig als unablässiger, ja gnadenloser Strom an Informationen über neue Technologien und Wettbewerber wahrgenommen. Damit Führungskräfte jedoch nicht in der Flut von Branchennachrichten ertrinken, sondern ihre Organisationen aktiv durch den digitalen Wandel navigieren können, benötigen sie zunächst einen

Kompass. Sie müssen die vielen Datenpunkte gleichsam zu einem digitalen Credo verdichten: Einer realistischen und auf das Unternehmen angepasste Überzeugung, wie und in welchem Ausmaß der Dreiklang aus Digitalem Know-how, Führung und Organisation einzusetzen ist. Was wollen wir erreichen? Was wollen wir dafür aufgeben? Wie können wir den Wandel gestalten? Ohne diese Klarheit können die Führungskräfte ihre Vorreiterrolle nicht authentisch ausfüllen. Dieses ‚digitale Credo' ist eine prägnant formulierte Geisteshaltung mit Bezug auf die Digitale Welt, vom Thought Leadership (Auswirkungen auf die Gesellschaft) über den Change Agent (Zukunft der Arbeit, Neue Kompetenzen) bis hin zu klassischer Unternehmensführung (Geschäftsmodelle, Wachstumsfelder). Insbesondere erlaubt das Credo, ein positives und realistisches Zukunftsbild der Unternehmung zu entwerfen.

Eins ist klar: Die neue digitale Arbeitswelt mag sich für die einen befreiend anfühlen, wird aber insgesamt Widerstände hervorrufen. So berichtete der Economist 2017, dass selbst im Silicon Valley ältere Mitarbeiter über die Anforderungen der ‚neuen' Arbeitsweise klagen. Dies müssen Führungskräfte in ihrer Kommunikation bedenken. Dazu gehört zunächst eine realistische Bestandsaufnahme, die von der Strategie her kommend glaubwürdig die Frage beantwortet: Weshalb wollen wir anders arbeiten? Hier müssen die Vorteile im Vordergrund stehen. Häufig wird Digitalisierung als Bedrohung begriffen und vermittelt – Angst mobilisiert jedoch nicht gerade die Motivationsreserven der Mitarbeiter. Diese Auswirkungen sind real und können nicht ignoriert werden. Jedoch sollten Führungskräfte sich auch fragen, was das Unternehmen gewinnen kann. Wie können wir unsere Kunden noch zufriedener machen? Wie können wir unsere Arbeit noch angenehmer und sinnstiftender machen? Schließlich sollten Executives auch die Stärken der jetzigen Organisation berücksichtigen und Grenzen ziehen: Was sind wir bereit, für den Wandel aufzugeben?

Fazit: Potenziale wirkungsvoll nutzen

Die Thesen verdeutlichen, dass die Kommunikation in der digitalen Welt eine besondere Herausforderung ist. Sie erfordert nicht nur Veränderungen bei ‚den Anderen', sondern muss bei einem selbst ansetzen. Insgesamt hat Deutschland hier erheblichen Nachholbedarf, vor allem in den beruflichen Prozessen. So kamen Tobias Kollmann und Holger Schmidt in Ihrem Buch „Deutschland 4.0." zu dem Schluss, dass die Mehrheit der Entscheider in Unternehmen „Digitale Anfänger" sind. Diese besitzen (nach eigener Einschätzung!) nicht einmal die Hälfte der notwendigen digitalen Fähigkeiten und schreiben sich weniger als die Hälfte des notwendigen (auch kommunikativen) Management-Know-hows zu. Das können Sie besser machen!

1. Schauen Sie nicht auf die Defizite – was es über Digitalisierung zu wissen gibt, ist ein enormes Potenzial, um Wirkung in der Zukunft zu entfalten.
2. Je mehr Sie sich selbst in oben beschriebenem Maße mit der Digitalen Transformation auseinandersetzen, je mehr sie Berührungsängste ablegen und einen eigenen Kompass entwickeln, desto mehr werden Sie den Veränderungen erfolgreich begegnen können.
3. Wir haben keine Gewissheit, wo uns das alles hinführt – aber die hatten wir noch nie: Bleiben Sie beweglich, beobachten Sie, wo die Reise hingeht, uns seien Sie wandlungsfähig.

Botschaften inszenieren statt Fakten präsentieren. Auftritt mit Wirkung

Kerstin Köhler

Inhaltsverzeichnis

K. Köhler (✉)
Berlin, Deutschland
E-Mail: koehler@supporting-changes.com

© Springer Fachmedien Wiesbaden GmbH, ein Teil von
Springer Nature 2019
S. Wachtel und S. Etzel (Hrsg.), *Jeder kann wirken,*
https://doi.org/10.1007/978-3-658-20123-4_14

Zusammenfassung Ob Führungskraft, Sprecher eines Unternehmens, Fachexperte oder Mitarbeiter – Für Auftritte in der Öffentlichkeit gilt prinzipiell: Person und Kontext entscheiden. Beides gemeinsam entscheidet darüber, ob ein Auftritt als authentisch wahrgenommen wird. Gute Führung braucht einen guten Auftritt. Executive Communication gibt dafür Orientierung, Handwerk und die Umsetzungs-Konsequenz für einen überzeugenden Auftritt mit Wirkung.

> Zuerst musst du eine Strategie entwickeln, die sich alles zunutze macht, was Dir zur Verfügung steht. Einer Herausforderung begegnet man am besten, indem man sich einen unerschöpflichen Vorrat an Reaktionsmöglichkeiten zulegt (Paulo Coelho).

Das Vorgehen von Führungskräften in der Executive Communication

Zu einer guten Führung gehört immer ein guter Auftritt. Folgende Grundlagen gehören dazu (Abb. 1):

* Freies Agieren
* Rhetorisches Anordnen von Inhalten – passend zur intendierten Wirkung
* Basisstrukturen für überzeugende Statements
* Parieren kontroverser Themen
* Spontane Situationen gestalten
* Gespräche führen können
* Selbst- und Fremdbild abgleichen

Abb. 1   Klarheit, Kompetenz, Handeln: Ihr Auftritt

Je nach Person, Aufgabenfeld und Hierarchie gilt es, aus-
zubalancieren und individuelle Wirkungsmittel bewusst zu
machen und zu entwickeln, sodass diese gezielt in die Auftritte eingebracht werden können.

Entscheidend ist immer die menschliche Komponente.
Wirksames Auftreten, glaubwürdige Antworten und über-
zeugendes Reden sind für den beruflichen Alltag aller
Ebenen eine Notwendigkeit, nicht nur auf der Führungs-
ebene. Dies bedeutet durchsetzungsstark eigene Inhalte zu
platzieren – klar, strukturiert und auf den Punkt. Egal, ob
in Hörfunk und TV, im Gespräch, bei Meetings oder bei
der Selbstpräsentation im Video auf der Website, Ihrem
Blog oder auf Youtube.

Komplexe Inhalte in kurzer Zeit darzustellen erfordert Vorbereitung. Hier gilt der Grundsatz:

> Too much perfection is a mistake.

Schauen wir uns das näher an: Wenn Fach- und Führungskräfte Projekte oder Veränderungen initiieren und/oder umsetzen wollen, müssen sie die Botschaften verständlich für andere präsentieren. Und sie müssen andere verstehen können. Die andere Seite – da entscheidet sich der Erfolg des Auftritts. Ob die andere Seite nun Mitarbeiter und Kollegen sind, andere Fach- oder Führungskräfte, Vorstände oder Kunden. Für den Auftritt mit Wirkung müssen Verantwortliche zunächst einmal zuhören können und eigene Denkmuster zurückstellen. Denn nur so können sie andere verstehen, ohne gleich zu urteilen. Damit erhalten sie zum einen mehr Details darüber, was für die andere Seite wichtig ist, zum anderen gewinnen sie auch Informationen für den Sachverhalt, um den es geht. Sei es nun ein Produkt, ein Prozess oder Schwierigkeiten, die es zu beseitigen gilt.

Verantwortliche brauchen unterschiedliche Blickwinkel, einen Perspektivwechsel und eine Haltung, die gefestigt, aber nicht starr ist. Dies ermöglicht, die Meinungen der anderen und die eigene auf einen Prüfstand zu stellen. Mit der gewonnen Haltung kann dann das konsequente Umsetzungs-Handeln folgen.

Wichtig ist weiterhin, dass Fach- und Führungskräfte die eigene Wirkung kennen und bewusst situativ steuern können. Hierfür benötigen sie eine Balance aus sachlicher Information (Experten-Rhetorik) und Wirkung (Executive-Rhetorik). Nicht jede Führungskraft ist im Vorstand – doch jeder Verantwortliche braucht wirkungsvolle Kommunikation.

Die Arbeitsfelder eines wirkungsvollen Auftritts zeigen sich besonders klar, wenn Vortragenden die rechten Worte fehlen, die Inhalte einem breiteren Publikum verständlich und überzeugend zu vermitteln. Präsentationen werden leider vielfach nebenbei erledigt, auch wenn das Wohl und Wehe des eigenen Rufs oder des Unternehmens an ihren Äußerungen hängt – wie auch das ihrer Industriepartner. Und das Image steht und fällt mit der Überzeugungskraft der Fach- und Führungskräfte. Äußerungen in der Öffentlichkeit (sei es im Unternehmen oder auch extern) haben Folgen für die gesamte Kommunikationskultur.

Fassen wir zusammen: Was kann jeder von der Executive Communication lernen und für die eigene Wirkung nutzen?

1. Mindset – Die innere Haltung bestimmt die äußere Wirkung
2. Klar strukturierte Inhalte (Vorbereitung der Themen, Struktur, verständlicher Sprachstil und natürlicher und überzeugender Sprechstil)
3. Visualisierungen nutzen – das Auge hört mit. (Überblick geben, Details veranschaulichen, individuell überzeugt mehr als Einheits-Power-Point)
4. Eigene Wirkung kennen und nutzen (Wie will ich wirken? Wie kann ich das in diesem Kontext erreichen?)

5. Konzept: Die „Glaskugel" für Profis: Bereiten Sie Themen vor. Dann klappt es auch mit Einwänden und Fragen.

6. Action! Staging! Rehearse! – Konsequentes Tun! Auf der (gedachten) Bühne! Proben!

Die innere Haltung bestimmt die Wirkung

Zum Auftritt mit Wirkung gehört zunächst die Reflexion der Rolle. Rollenklarheit definiert den Einsatz individueller Wirkungsmittel. Das heißt, eine Balance aus authentisch sein und in Szene gesetzt ergibt die professionelle Authentizität und damit die Wirkung.

Neben den Inhalten sind die Einstellungen und die rhetorischen Fähigkeiten essenziell für die beabsichtigte Wirkung. In diesem Sinne wirkungsvolle Rhetorik ist mündlich, pointiert, attraktiv, einfach und lebt von der Aktion. Damit bezieht Rhetorik im Executive Modus die andere Seite von Anfang an mit ein, lässt Meinungen gelten und arbeitet stärker mit Überzeugungshandeln als mit Informationsflut. Es geht darum, andere ins Commitment zu bringen, also Vertrauen und Verständnis herzustellen. Das muss die Führungskraft wollen – und das muss sich letztlich im Auftreten zeigen.

„Executive Modus" ist ein Mindset; es geht um rhetorische Flughöhe. Die Details mögen noch so interessant sein; Wirkung entfaltet nur der Blick von oben. Für eine wirklich hohe Führungswirkung müssen Fach- und Führungskräfte vom Expertenmodus in den Executive Modus wechseln. (Wachtel 2017): In den Executive Modus gehen (mindset), gute Vorbereitung (plan und capabilities) und letztlich Inszenierung der Wirkung (staging).

Mindset: Executive Modus

Um Ihrem Mindset die nötige Flughöhe zu geben, schauen Sie auf sich selbst und reflektieren Ihre Persönlichkeit. Sie müssen wissen, wie Sie auf andere wirken und wie Sie von Ihrem Umfeld wahrgenommen werden. Die Herausforderung hierbei: Teilprozesse Ihrer Wirkung laufen automatisch ab. Sie entziehen sich der bewussten Steuerung. Dennoch können Sie lernen, die innere Haltung zu verändern und damit auch die eigenen Wirkung.

Voraussetzung dafür ist, sich die eigenen Motive und Werte des Handelns bewusst zu machen, die eigene Wahrnehmung zu schärfen sowie Einstellungen und Glaubenssätze zu entdecken. Negative Glaubenssätze („mich unterbrechen sie ja eh gleich wieder", „im Vortrag bin ich sowieso nicht gut" etc.) gilt es zu enttarnen und transformieren in stützende und positive Selbsterwartung („Unterbrechungen pariere ich mit dem Hinweis ...", „schaun wir mal, was xyz zu These 3 sagen" etc.). Lenken Sie den Blick auf Ihre Stärken und bauen Sie Vertrauen in Ihre Fähigkeiten auf. Führen Sie ein persönliches „Beutebuch" – ein Tagebuch mit Ihren erfolgreich gemeisterten Situationen, schönen Momenten und Bildern, die Sie positiv stimmen.

Letztlich: Mindset ist die Antwort auf die Frage: Wie wollen Sie von anderen Menschen wahrgenommen werden? Wählen Sie dazu passend Ihre innere Haltung.

Diese Rollenklarheit ist elementar für einen klaren Denkstil. Daraus resultiert Klarheit im Sprachstil und im Sprechstil. Hieran hakt es oft im Arbeitsalltag. Profis haben Klarheit und beherrschen die Bühnen des (Arbeits-)Lebens. Führungskräfte nicht immer.

Klar strukturierter Inhalt

Unabhängig vom Anlass: Die Inhalte werden nach dem Ziel strukturiert und richten sich nach dem Zuhörerkreis.

Vor einer Präsentation gilt es, sich mit den Besonderheiten des jeweiligen Publikums vertraut zu machen. Je nach Zusammensetzung des Publikums sind unterschiedliche Ziele mit der Präsentation denkbar. Grundlegend müssen Vortragende das Verhältnis von Informieren und Überzeugen definieren. Das Eine geht nicht ohne das Andere. Ich kann nicht überzeugen, ohne zu informieren – und umgekehrt.

Um mit der Präsentation zu überzeugen, müssen Vorkenntnisse und Einstellungen des Publikums in die Vorbereitung einbezogen werden. Zu einer professionellen Vorbereitung gehören – neben der Zielformulierung – die Identifikation möglicher Handlungsmotive und des konkreten Nutzens für die andere Seite (plausible Argumente) und eine zielgerichtete Struktur für das Anordnen der Argumente. Dies ist die Basis für verschiedene Situationen, u. a. für Managementboard, Jour fixe, Besprechungen, Messeauftritte oder Ad-hoc-Situationen.

Die klare inhaltliche Strukturierung erfordert eine solide Vorbereitung:

* Ziel der Präsentation definieren
* Publikumsanalyse
* Inhalt erarbeiten
* Präsentation gliedern (Struktur)
* Medieneinsatz vorbereiten
* Stichwortkonzept erarbeiten

Um den Inhalt zu erarbeiten ist es zum einen sinnvoll, die Inhalte zu sammeln, zum Beispiel mithilfe einer MindMap. Zum anderen müssen die Inhalte gewichtet werden, je nachdem, ob vor Mitarbeitern, einem Fachpublikum oder vor interessierten Laien gesprochen wird, nach Ziel und der zur Verfügung stehenden Zeit. Für die Gewichtung ist es hilfreich zu fragen: Was sind MUSS-Inhalte (Kerninformationen), was sind SOLL-Inhalte (Randinformationen) und was sind KANN-Inhalte (Hintergrundinformationen)? Der Kerninhalt ist: Nutzen für das Publikum, USPs (*unique selling proposition –* Alleinstellungsmerkmale), Strategie- oder Produktmerkmale mit der höchsten Überzeugungswirkung. Randinformationen sind Beispiele, Vergleiche, Bilder und Medien, welche die Kernaussagen besser verankern. Hintergrundinformationen geben Detailinfos zur Unternehmensentwicklung oder Spezialwissen („nice to know").

Für eine klare Struktur des Inhalts können rhetorische Hilfen genutzt werden, die es vielfältig gibt. Zwei Grundstrukturen sind in der Führungskommunikation wichtig. Die eine Struktur ist autoritär, anweisend, vorgebend,

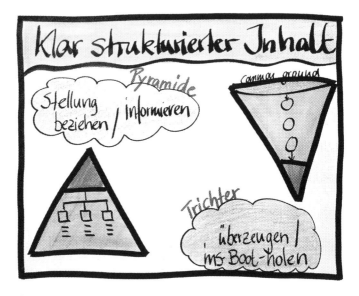

Abb. 2   Strukturiert Sprechen – Pyramide und Trichter

eher informierend – die Pyramide. Die andere Struktur ist demokratisch, erklärend, ins-Gespräch-holend, eher überzeugend – der Trichter (Abb. 2).

Neben dem inhaltlichen Fokus sind folgende Aspekte für die Wirkung – also den Executive Modus – wesentlich:

* Was will ich erreichen?
* Was ist meine Rolle?
* Welchen Wert schafft der Auftritt?
* Wie komme ich auf die Bühne?
* Wie sitze/stehe ich?
* Wie starte ich, damit alle sofort zuhören?

Ein wirkungsorientierter Auftritt entsteht genau dann, wenn die Präsentation von Anfang an dialogisch ist: Erwartungen kennen, Fragen einplanen und Diskussionen zulassen.

Visualisierung nutzen – das Auge hört mit

Die wesentlichen Aussagen der Präsentation sollten durch Medien verstärkt werden. Generell gilt: Ein Bild sagt mehr als Worte. Häufig stellt sich die Frage nach der Priorität von „Mensch oder Chart". Hinter mancher „Chartschlacht" steht ein durchaus berechtigter Wunsch: nach der uns allen eingetrimmten Vollständigkeit. Präsentationen mit über 40 Charts sind nicht selten. Und häufig wird zu spät erkannt, dass das niemand erträgt. Überzeugen jedenfalls ist schwer mit der Fülle des Materials. Es muss auf der Basis der gesammelten Informationen und Argumente eine Rede-Dramaturgie entstehen, die sich nicht nur in einer Abfolge von Charts erschöpft. Erst mit der Redeplanung können Vortragende gut vorbereitet, zeitlich geplant reden – und trotzdem frei formulieren. Das ist die Basis authentischer Imagearbeit im und für das Unternehmen.

Bei der Arbeit mit PowerPoint gilt es u. a. zu beachten, dass ein Sammeln der Inhalte nicht die Visualisierung darstellt. Vielmehr gilt es, drei Typen von Charts zu unterscheiden:

1. All Content: Selbstorganisation, Ideensammlung – nicht öffentlich
2. Handout: Unterlagen für das Publikum
3. Speech Support: Rede-Vorlage

Die Visualisierung ist gewichtig, darf aber nicht zu eintönig sein. Und vor allem nicht zu überladen. Zu oft wird Chart für Chart durchgestaltet und womöglich die oft sperrigen substantivischen Erfolgsbehauptungen vorgelesen. Um dieser Stereotypie zu entgehen, ist es günstig, Flipcharts zu verwenden, auf denen Sie etwas grafisch verdeutlichen, „live". Die Wirkung ist erheblich: Während oft das soundsovielte Chart ermüdet, erlebt das Publikum so die Führungskraft in Aktion. Zudem gibt es hier den Spielraum für eine individuelle Note der Führungskräfte.

Beispiele für Visualisierungen

Mit dem Flipchart können sowohl das Thema, der Ablauf und/oder inhaltliche und formale Ziele sichtbar gemacht werden, ob in Besprechungen, Gesprächen oder beim Managementboard. Hier gilt (wie für alle Visualisierungen): Flipcharts sind kein Textlieferant. Vielmehr geht es darum, Bilder, Texte und Strukturen zu nutzen, um die Inhalte in die Köpfen der anderen Seite zu bringen, damit deutlich wird, worüber geredet wird. Dies ist die Grundlage für ein gemeinsames Handeln, also das Überzeugen (Abb. 3, 4 und 5).

Störend ist dagegen ein vorgefertigtes Manuskript – es wird dann nur noch verlesen. Der direkte Kontakt zur anderen Seite bleibt dabei meist auf der Strecke. Die Formulierungen sind eher schriftlich und nicht mündlich und damit nicht ansprechend. Der eigene Sprach- und Sprechstil fehlt. Wünschenswert ist eine freie, sprech-denkend vorgetragene Rede, die verständlich, pointiert und glaubwürdig und vor allem kurz ist. Dann können Charts eine wichtige Überzeugungsfunktion übernehmen: Charts können so wesentliche Botschaften transportieren und zwar durch „Highlights". Beispiele für solche Botschaften

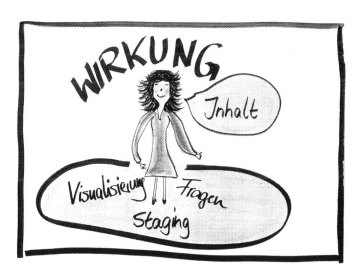

Abb. 3 Visualisierung Thema

Abb. 4   Visualisierung Struktur

Abb. 5   Visualisierung Motto

können sein: Kernkompetenzen des Produktes, Referenz-studien, Produktpalette, Positionierung am Markt, Nutzen und Zusatznutzen für den Klienten, Prozessabläufe oder Forschungsergebnisse, Fazit, Appell.

> Es geht bei allen Präsentationen abermals nicht um irgend-ein „Informieren", sondern um das rhetorische Über-zeugen.

Welches Mittel der Visualisierung eingesetzt wird, hängt vom Kontext und damit vom Ziel und natürlich auch von der auftretenden Person ab.

Die eigene Wirkung kennen und gestalten

> Wirkungsmittel Nummer eins ist die auftretende Person selbst. Starke Wirkung entsteht dann, wenn sie wirken kann.

Oft konkurriert in der Kommunikation die visuelle Attraktion mit der sprachlichen Darstellung. Hierbei verliert grundsätzlich die Sprache. Überzeugt werden kann aber nicht durch das Medium, sondern nur mit-tels wirkungsvollem und überzeugendem Auftritt der Führungskraft. Das beinhaltet das optimale (also das Ziel-Publikum ansprechende) Verhältnis von attraktiver Sprache und Visualisierung komplexer Sachverhalte.

Generell gilt „Je komplexer ein Sachverhalt, desto kürzer die Sätze." Verständlichkeit ist das A und O. Sie richtet sich nach der anderen Seite und ist konsequent mündlich ausgerichtet. Live-Präsentationen können (anders als schriftliche Äußerungen) nicht zurückgeblättert werden. Für den wirkungsvollen Sprechstil hier drei grundlegende Hinweise für Wirkungspraxis:

1. So natürlich wie möglich.
2. Gedanken hörbar abschließen – Lösungstiefe. Mit der Stimme den Punkt setzen.
3. Das Auge spricht mit. Ohne Blickkontakt lohnt die ganze Rede nicht.

Meinungsbildung auf der anderen Seite entsteht durch Identifikation – zunächst mit der Führungskraft und darüber hinaus mit dem Produkt und dem Unternehmen. Erst die Identifikation gibt einer neuen Sache eine solide Wirkung – die Basis für Nachhaltigkeit. Diese wieder braucht Verstehen und Mitdenken (dürfen) auf der Seite des Publikums. Hier wird unternehmerische Ethik auch zu rhetorischer Ethik.

Anlässe für Präsentationen sind vielfältig. Wenn der Auftritt wirken soll, brauchen Vortragende die professionelle Fähigkeit zu informieren, Überzeugungsfähigkeit sowie ein Bewusstsein für das eigene Wirkungsrepertoire.

Diese Auftritts-Wirkung basiert auf drei Säulen: die Klarheit (des Ziels), Kompetenz (in der Vorbereitung, der Inhaltsdarstellung und im Gesprächshandwerk) und Konsequenz im Handeln (Aufzeigen der nächsten Schritte oder Umsetzung).

Umgang mit Fragen und Einwänden – Die Glaskugel für Profis

Es geht also um die Rollenklarheit, einen klaren Denkstil, eine verständliche Sprache und ein möglichst glaubwürdiges Sprechen als Experte im jeweiligen Kontext. Letztlich entscheidet der Umgang mit dem Publikum über die Wirkung. Auftritte müssen vor allem überzeugend und glaubwürdig sein. Dafür ist es notwendig, mögliche Fragen, kritische Themen oder Einwände zu antizipieren. Diese bilden dann die Grundlage für den gekonnten und überzeugenden Umgang mit kritischen Fragen. Auf dieser Grundlage können vorab Antwortmodule kreiert werden (Abb. 6).

Abb. 6 Der Weg zur Antwort: vorbereitet, um spontan gesprochen zu werden

Entscheidend ist, sich vorab zu fragen, was eine rhetorisch wirksame Antwort ist. Hierzu zählt in erster Linie die kategorische Argumentation, wie z. B. „Wir schaffen das." Oder „Menschen stehen an erster Stelle." Oder „Sicherheit hat für uns oberste Priorität." (Abb. 7).

Hintergrundinformation
Antworten vorzubereiten und in der jeweiligen Situation passend zu agieren ist letztlich rhetorisches Handwerk. Dieses Handwerk lässt sich erlernen. Fragen oder Einwände sind eine Chance, Wissen darzustellen. Neben der inhaltlichen Aussage ist oft die Art und Weise bedeutsam für die Außenwirkung. Generell gilt: Antworten kurz und präzise gestalten.

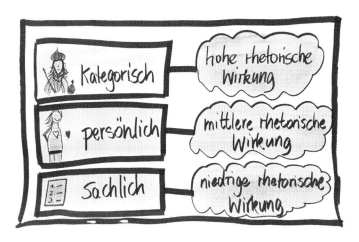

Abb. 7   Wirkungsebenen der Argumentation

Sinnvoll ist es in jedem Falle, folgende kommunikative Methoden zu beherrschen:

1. Sachohrfilter: Basiert auf dem Vier-Seiten-Vier-Ohren-Modell von Friedemann Schultz von Thun. Vermeintliche und echte Provokationen auf Sachgehalt untersuchen und adäquat antworten: „Und was für eine Relevanz hat Ihre Studie überhaupt?" – „Mein Studie zeigt klar, dass wir neue Wege gehen müssen." Oder: „Mit meiner Studie habe ich die praktische Umsetzbarkeit bewiesen."
2. Paraphrasieren: Mit eigenen Worten zusammenfassen, was die Frage ist.
3. Fokus positiv: Hier unterstellen wir immer potenzielles Interesse am Thema.
4. Was will der/die Fragende wissen?
5. Innerer Beobachter: Eine Art Notfallprogramm für „schwierige Fälle". Egal, was oder wie gefragt wird. Der erste Gedankenimpuls des inneren Beobachters ist: „Interessant!". So schaffen wir eine innere Distanz, die es ermöglicht, im eigenen Interesse zu handeln. Also bewusst zu agieren statt zu reagieren.
6. Metaebene: Baut auf dem inneren Beobachter auf. Metaebene betrachtet den Gesprächsfluss, ohne auf den Inhalt einzugehen. Hier können Emotionen, Zeit oder Struktur angesprochen werden.
7. Erweiterte Ich-Aussagen – WWW: Diese einfache Struktur macht auch Kritisches auf Augenhöhe ansprechbar. WWW steht dabei für Wahrnehmung, Wirkung, Wunsch.
   - W – „Sie stellen während meiner Präsentation viele Fragen zum Thema."
   - W – „Das stört mich in meiner Konzentration. Die Kollege der anderen Abteilungen benötigen zunächst einmal

die Fakten, damit wir am Ende gemeinsam eine Entscheidung treffen können."
- W – „Bitte stellen Sie Ihre Fragen am Ende meiner Präsentation."

Für den Auftritt mit Wirkung kommen ergänzend gesprächs-
rhetorisches Handwerk und Videoanalyse hinzu. Zum Verständnis von Gesprächsabläufen sind z. B. Gesprächsmodule nach
Elmar Bartsch (2004) hilfreich. Deren kommunikative Folgen
können gezielt genutzt werden – zur wirksamen Gestaltung des
Auftritts oder zur Deeskalation – je nach Ziel der Vortragenden.

So machen Sie sich selbst zur Marke

Der Auftritt in den Medien, insbesondere im Fernsehen, ist eine Imagechance. Führungskräfte stehen für
Botschaften – wenn sie reden können. Botschaften per-
sonalisieren heißt: Informationen transportieren und
Authentizität bewahren. Sprecher sind für das verantwort-
lich, was sie sagen. „Die Antwort sollte durchdacht
und geplant sein. Ist sie gut vorbereitet, wird sie sowohl
der Mediensituation als auch dem Publikum gerecht"
(Wachtel 2003).

Wer sich auf ein öffentliches Gespräch einlässt, sollte
die Mediensituation kennen. Zu dieser Situation gehören
Bedingungen und Kniffe der Medien-Rhetorik, Strategien von Journalisten sowie Mittel zum Erlangen von
Glaubwürdigkeit. Nur, wer Mikrofon- und Kamera-
stress kennt und damit umzugehen weiß, nutzt diese
Überzeugungschance. In Mediensituationen klar und

überzeugend sprechen zu können, auch mit kritischen Fragen und Angriffen umgehen zu können – das ist Ziel einer Medienrhetorik. Schon deshalb, weil Verantwortliche in den Medien für O-Töne, Zitate, Stellungnahmen, Kommentare und Bewertungen herangezogen werden. Zielgruppe ist dabei (neben Fachkollegen) vor allem das Massen-Publikum. Unterschiedliche Formate (Branchen- oder Marktberichterstattung, Verbrauchermagazine oder Ratgeber) erfordern entsprechend passend konzipierte Inhalte und Auftritte.

Hintergrundinformation

Schwerpunkte der Medienrhetorik sind daher das Trainieren von Fähigkeiten der Rede, des kurzen und pointierten Reagierens auf Fragen sowie die Produktion von Statements für Hörfunk/TV. Es dient dazu, brauchbare Informationen auszuwählen und auch in unvorhergesehenen Situationen überzeugend und schlagfertig (aber dennoch vorbereitet) zu reagieren.

Durch die Kenntnis der typischen Werdegänge, Kommunikationsziele und Zwänge von Journalisten wird der Umgang mit ihnen erleichtert. Hierzu zählen u. a. das Ziel, den Nachrichtenwert von Texten oder Beiträgen durch O-Töne zu erhöhen, Zeitnot der Redaktionen, wirtschaftliche Abhängigkeiten von (Werbekunden/Anzeigenkunden). Aber auch persönliche Beziehungen prägen die Zusammenarbeit zwischen Redaktionen und Gesprächspartnern.

Im Coaching/Training geht es um die situative und mediengerechte Vorbereitung. Hierbei entstehen mögliche Standard-Argumentationen, die für die zu erwartende Situation später zu verwenden sein werden. Vorurteile müssen dabei aufgegriffen sowie Fehler angesprochen oder im Einzelfall entschuldigt werden. Damit erzielen Führungskräfte, Politiker, Pressesprecher, Prominente u. Ä. Transparenz und stellen eine Verbindung zum Publikum her.

Das Statement ist vorbereitet, entsteht aber dennoch sprech-denkend in der Mediensituation. Bei allen öffentlichen Auftritten gilt: Inhalt und Form stimmen so über-ein und passen zum Auftretenden. Führungskräfte kreieren mit dem öffentlichen Auftritt ein Image. An ihrer Person werden Sachfragen und Vertrauen/Verantwortung geknüpft. Für das Publikum steht mit den Führungskräften auch die Frage: Was machen die mit uns?

> Personalisierte Botschaften sind die praktische Verknüpfung von PR und Rhetorik. Deren Professionalisierung braucht den passgenauen Auftritt für das Publikum (zu wem?).

In Vorträgen und Interviews ist der Umgang mit Einwänden und mit kritischen Fragen zentral. An Ihrem Auftritt entscheidet sich mit, ob Imagearbeit (mit ihren Botschaften) langfristig erfolgreich ist. Personalisierung der Botschaft ist ein wirksames Mittel zur Bindung – Sie brauchen dafür fundierte individuelle Fähigkeiten. Diese müssen Ihnen bewusst gemacht und von Ihnen gezielt genutzt – und bei Bedarf – geübt und trainiert werden.

Action, Staging, Rehearsal

Nur Training verhilft der jeweiligen Überzeugung zum Ausdruck. Präsentieren können ist ein Handwerk, das aussieht wie Kunst. Handwerk erlernt man und schleift es ein, bis es automatisiert funktioniert. Das ist Training. Auftritte des Spitzenmanagements werden trainiert – integriert und im Executive Modus realisiert. Für jede Präsentationen, die überzeugen soll, gilt dasselbe.

„Für so ein Training habe ich keine Zeit!" – ist eine meiner Lieblingsaussagen. Dicht gefolgt von „Präsentationen gehören doch wohl heute zum Standard!" Bedeutet im Subtext: „Kann doch jeder." Eben nicht. Wenn Sie an gute Präsentationen denken, sind es meist nicht Ihre Führungskräfte, die Ihnen als erstes in den Sinn kommen. Oder? Vielmehr werden immer wieder Steve Jobs, Carly Fiorina oder Barack Obama als inspirierende Redner genannt. Sie seien so authentisch. Und gerade das haben sie trainiert.

Was gedanklich klar ist, muss noch lange nicht klar gesagt und überzeugend inszeniert wirken. Deswegen gilt auch hier: Übung macht den Könner. Nur so merken Sie, ob Sie die Präsentationsbühne souverän beherrschen. Wirkungsvolle Präsentationen entscheiden sich auch an der Frage „Wirkungsvoll – für wen?".

Also trainieren Sie, Ihre Botschaften für ein unterschiedliches Publikum und mit unterschiedlichen Zeitvorgaben zu inszenieren. Nutzen Sie dazu Stichwortkarten und für eine Diskussion die (vorab) kreierten Antwortmodule. Damit können Sie frei formulierend sprechen und sind dennoch vorbereitet.

Entscheidend ist letztlich, dass das, was Sie sagen, glaubhaft ist. Auch das ist trainierbar: Die Inszenierung muss zu Ihrer Persönlichkeit passen. Sonst wird aus dem Executive Modus schnell ein Execution Modus. Aus dem Verkünder wird ein Henker der Botschaften und Ihrer Wirkung.

Nur, wer selbstbewusst spricht, kann auch selbst bewusst handeln

Kerstin Köhler hat als Executive Coach einen klaren Blick auf das Wirken und die Wirkung. Ihr akademischer Hintergrund hilft: Diplom-Sprechwissenschaftlerin, Pädagogikstudium, Studium der Germanistischen Linguistik. Auf Executive Coaching und High-Profile-Training ist sie seit 1995 spezialisiert. Ihr Thema ist Auftreten und Präsenz auf dem Executive Level und in der Corporate Communication – für zielorientierte B2B-Kommunikation und erfolgreiche Wirtschaftsrhetorik für Entscheider.

Für einen Auftritt mit Wirkung empfiehlt sie: Lernen Sie von den Prozessen der Executive Communication. So finden Sie Ihren Weg und können Botschaften inszenieren. Das schafft Nachhaltigkeit Ihrer Präsentation und einen wirkungsvollen Auftritt.

1. Reduzieren Sie komplexe Inhalte auf das Wesentliche
2. Nutzen Sie gezielt Ihre Stärken für Argumentation und Ausdruck
3. Proben Sie Ihre Auftritte: Die Bühne gehört Ihnen
4. Probieren Sie verschiedene rhetorische Muster aus: Wie können Sie überzeugen?
5. Nutzen Sie Visualisierungen – und sei es im übertragenen Sinn, wenn Sie Sprachbilder verwenden

Literatur

Bartsch E (2004) Rhetorische Kommunikation: Gesprächs-methoden. In: Köhler K, Skorupinski C (Hrsg) Wissenschaft macht Schule. Sprechwissenschaft im Spiegel von 10 Jahren Sommerschule der DGSS. Sprechen und Verstehen, Bd 21. St. Ingbert

Wachtel S (2003) Rhetorik und Publik Relations. Gerling, München

Wachtel S (2017) Executive Modus.12 Taktiken für mehr Führungswirkung. Hanser, München

Weiterführende Literatur

Grundl B (2017) Verstehen heißt nicht einverstanden sein. ECON, Berlin

Köhler K (2004) Rhetorische Expertentrainings. In: Reprä-sentanz Expert (Hrsg): Corporate Speaking. Auftritte des Spitzenmanagements. Innovatio, Bonn

Köhler K, Skorupinski C (Hrsg) (2004) Wissenschaft macht Schule. Sprechwissenschaft im Spiegel von 10 Jahren Sommerschule der DGSS. Sprechen und Verstehen, Bd 21. St. Ingbert

Köhler K, Skorupinski C (2006) Verstehen – Gestalten – Sinn vermitteln. In Sprechen. Bayrischer Verlag für Sprechwissen-schaft, Regensburg

Köhler K, Skorupinski C (2011) Smalltalk: Von der Bedeutung des kleinen Gesprächs. In: Bose I, Neuber B (Hrsg.) Inter-personelle Kommunikation: Analyse und Optimierung. Peter Lang, Bern

Köhler K, Skorupinski C (2013) Mitarbeitergespräche struk-turiert führen. In: Eckert H (Hrsg) Wirtschaftsrhetorik.

Sprache und Sprechen, Bd 46. Ernst Reinhart Verlag, München

Köhler K, Skorupinski C (2015) Einmal Feedback und Zurück: Back to Quality. In: Teuchert B (Hrsg) Mündliche Kommunikation lehren und lernen. Sprache und Sprechen, Bd 47, Schneider Verlag Hohengehren, Baltmannsweiler

Minto B (2005) Das Prinzip der Pyramide. Ideen klar, verständlich und erfolgreich kommunizieren. Pearson Education, München

Thiele A (2000) Innovativ präsentieren. Zielführende Konzepte entwickeln. Multimedia sinnvoll einsetzen. Kernbotschaften verankern. Durch Persönlichkeit überzeugen. Mit 'Streß-Fahrplan'. Frankfurter Allgemeine Buch, Frankfurt

Zelasny G (2001) Das Präsentations-Buch. Campus, Frankfurt

We see us later. An Englisch führt kein Weg vorbei

Frank Lorenz

Inhaltsverzeichnis

F. Lorenz (✉)
Leipzig, Deutschland
E-Mail: lorenz@rhetoric-excellence.de

© Springer Fachmedien Wiesbaden GmbH, ein Teil von
Springer Nature 2019
S. Wachtel und S. Etzel (Hrsg.), *Jeder kann wirken*,
https://doi.org/10.1007/978-3-658-20123-4_15

243

Zusammenfassung An Englisch führt kein Weg vorbei. Es gibt keine Branche, in der die Geschäftsbeziehungen an der Landesgrenze enden. Die Märkte sind global. Damit müssen Mitarbeiter, Manager und Führungskräfte auch global agieren können und das heißt fast immer: auf Englisch. Zwischen Anspruch und Realität klafft jedoch oftmals eine Lücke.

> Hindernisse zu überwinden ist der Vollgenuss des Daseins (Schopenhauer).

Auf den Internet-Startseiten der DAX30-Unternehmen ist teils jedes dritte Wort Englisch, wie eine Studie an der Universität Darmstadt belegte. Hier konnte man bei Adidas über „Fact snacks" schmunzeln. Dennoch titelte das Handelsblatt jüngst: „Lost without translation" (Obmann 2017): Zwar sei Englisch mittlerweile in den wichtigsten Börsen-Unternehmen Geschäftssprache, das bringe aber vielerorts Probleme mit sich. Es kommt zu Missverständnissen und Unmut. Ob Englisch als Unternehmenssprache nun unumgänglich für die Wettbewerbsfähigkeit ist oder im Gegenteil viele Manager ins Abseits stellt und zu einer „klar artikulierten Undifferenziertheit" (Sprenger 2015) führt, sei dahingestellt. Im Vergleich internationaler Konzerne zeigt sich dennoch, dass in deutschen Firmen zu wenig Englisch gesprochen wird. Volkswagen als weltweit zweitgrößter Autobauer führte erst 2016 Englisch als Unternehmenssprache ein.

Hinzu kommt, dass öffentliche Auftritte des Spitzenmanagements mehr leisten müssen als das bloße Vermitteln einer Story. Wirkungsvolle Kommunikation verlangt, dass jeder Auftritt in seiner Gesamtheit dem Anlass entsprechend stimmig sein muss. Die Wirkung des Vorstands als Person sowie als Vertreter des Unternehmens steht im Vordergrund. Diese Anforderungen sind für deutsche Redner naturgemäß schwieriger bei Präsentationen und Reden auf Englisch (Abb. 1).

Die besonderen Anforderungen eines Auftritts in Englisch, sprachlich wie kulturell, kommen in der Vorbereitung oftmals zu kurz. Nicht selten werden Texte schlichtweg nur übersetzt, kurz vor knapp durch ein Übersetzungsbüro oder, manchmal mehr schlecht als recht, unternehmensintern. Eine integrierte und gesamtheitliche

Abb. 1   We see us later

Vorbereitung muss jedoch weit mehr leisten und dabei sowohl den kulturellen Hintergrund als auch die auftretende Person, für die Englisch immerhin eine Fremdsprache ist, berücksichtigen.

Universalsprache Englisch?

In Wirtschaft, Politik und Wissenschaft hat sich Englisch als Verkehrssprache etabliert. Es steht außer Frage, dass viele Mitarbeiter und Manager nicht nur die Mailkorrespondenz, sondern auch Reden, Präsentationen und Interviews in Englisch bewältigen können müssen. Die Erwartungen an die Beherrschung des Englischen sind enorm hoch. Je höher angesiedelt eine Position, desto selbstverständlicher scheint der geforderte souveräne Umgang mit Englisch zu sein.

Die Realität ist differenzierter zu betrachten, und damit auch die Frage, inwieweit Mitarbeiter, Manager und Vorstände diesen Erwartungen gerecht werden können. Eine zunehmende Zahl an Mitarbeitern, Fach- und Führungskräften hat im englischsprachigen Ausland gearbeitet und verfügt damit über sehr gute Englischkenntnisse. Völlig selbstverständlich ist das aber noch lange nicht. Und selbst wer einen Auslandsaufenthalt für sich verbuchen kann, hat Englisch eher im täglichen Austausch mit Kollegen erworben als auf der Bühne vor Publikum. Öffentliche Auftritte fordern aber ein anderes, sprachlich hohes Niveau, denn der sogenannte Teufel steckt eben doch im Detail.

Mehr als Phrasen

Das Englisch, das einem schnell von der Zunge geht, sind oft fertige Phrasen und schön klingende *buzz words,* Wörter also, bei denen schon das Wort Effekt ist. Solche Wörter werden gern eingesetzt, um einen fließenden Sprachgebrauch zu suggerieren. Besser wäre meist das Gegenteil, und das aus zwei Gründen.

1. Rhetorische Auftritte, ob unternehmensintern oder öffentlich, sollen nie ausschließlich informieren, sondern immer auch bewegen, aufrütteln, mitnehmen, überzeugen – in einem Wort: wirken. Ob Lieblingswörter des Manager-Jargons das erreichen, scheint eher fraglich. Eine psychologische Studie an der Universität Erlangen-Nürnberg hat gezeigt, dass Führungskräfte deutlich weniger sympathisch, weniger glaubwürdig und sogar weniger kompetent eingeschätzt wurden, wenn ihre Rede Floskeln enthielt (Hommelhoff 2016).
2. Ein weiterer Grund ist, dass solche Floskeln falsch angewendet verheerend sein können. Wer frische Ideen sucht, muss „outside the box" denken und nicht „out of the box". Wer eine „offensive Strategie" verfolgt und diese dem Geschäftspartner auf Englisch als „offensive strategy" übersetzt verkaufen will, wird mindestens eine hochgezogene Augenbraue ernten, wieso ein Unternehmen „beleidigende, anstößige Strategien" umsetzen will, denn genau das hätte man dann gesagt. Erschwerend kommt hinzu, dass leider viele Fachbegriffe im Deutschen zwar aus dem Englischen abgeleitet wurden, dort aber so nicht verwendet werden.

Der Werbebegriff „claim" ist im Englischen „slogan".
Wer im Englischen „claim" verwendet, spricht über
einen (Rechts-)anspruch – und verwirrt sein Publikum.

Die Taktik muss also sein: eine konkrete, klare, sogar
vereinfachte Sprache. Das setzt strategisch eine klare
gedankliche Linie voraus und ebenso eine angemessene
Vorbereitung auf den Anlass.

Aussprache und Auftreten

Bei Auftritten in Englisch (übrigens auch in einer anderen
Fremdsprache) sollen bestimmte Ziele in Wirkung und
Wahrnehmung erreicht werden; das Wirkungsziel ist nicht
mit dem Sprachtransfer erreicht. Die Vorbereitung muss
also auf zwei Ebenen erfolgen: rhetorisch und sprachlich.
Zum einen müssen die Botschaften für den Anlass ebenso
rhetorisch aufbereitet werden. Eine englische Präsentation ist mehr als eine Sprachübung, die Vorbereitung mit
einem Kommunikationscoach darf kein reiner Sprachkurs
sein. Zum anderen dürfen aber sprachliche Belange auch
nicht vernachlässigt werden. Rhetorisch in Deutsch vorbereiten und dann herangehen und meinen, „jetzt machen
Sie das alles genauso auf Englisch", kann nicht funktionieren. Die besonderen Herausforderungen, die eine andere
Sprache mit sich bringt, müssen in der Vorbereitung ebenfalls berücksichtigt werden.

Aus dem sprachlichen Aspekt ist eine gute Vorbereitung aus zwei Gründen unersetzlich: Erstens
geht es schlicht um das Verständnis und deshalb um

sprachliche Richtigkeit. Zweitens wird von der (sprach-lichen) Wirkung immer auch auf die generelle Kompe-tenz geschlossen. Nicht von ungefähr versuchen liberale Medien mit großem Einsatz, US-Präsident Donald Trump an seinem sprachlichen Ausdrucksvermögen geistige Ver-wirrung nachzuweisen. Als dieser „unprecedented", also „noch nie dagewesen", auf Twitter „unpresidented" buch-stabierte, war der eigentliche Inhalt des Tweets nur noch zweitrangig, die Kompetenz infrage gezogen.

Ein deutscher Akzent in der englischen Aussprache führt selten zu Missverständnissen und wird auch nicht kritisch beurteilt. Ein Unternehmer aus Deutschland, Österreich oder der Schweiz muss seine Herkunft nicht verbergen. Grobe Schnitzer sollte man aber vermeiden. Wer sich selbst als deutscher Executive sieht, sollte das Wort auch auf der zweiten Silbe betonen und nicht auf der ersten oder dritten. Der Start von etwas Neuem, ein „launch" also, sollte vielleicht auch nicht unbedingt nach „lounge" oder „lunch" klingen. Und nicht jedes „O" klingt wie „no". In den Wörtern „product" oder „produce" klingt es wie „not". Wichtiger aber als diese Feinheiten ist die Wirkung, die durch Aussprache und Intonation entsteht.

Der Sprechweise kommt bei einem Auftritt eine wich-tige Rolle zu. Entsteht in der Muttersprache souveräne und authentische Wirkung oftmals dadurch, dass jemand „frei und natürlich" spricht, so stellt dies in der Fremd-sprache eine ungleich höhere Herausforderung dar. So mancher Vorstand, der im Deutschen durch souverä-nes Auftreten überzeugen kann, verliert im Englischen schnell an Überzeugungskraft: Die Sprechweise leidet. Der deutsche Akzent von Matthias Müller hat in den USA niemanden gestört. Wohl aber seine Sprechweise, die kühl und direkt wirkte und damit auch dem Vorurteil vom humorlosen deutschen Managern Futter bot.

Das Englisch der anderen

Auftritte in Englisch unterscheiden sich auch nach dem sprachlichen Niveau der Adressaten. Immer gilt: Gedrechseltes Englisch gibt es nicht oder jedenfalls nicht in dem Maße, wie es blumiges Deutsch zu hören gibt. Ein muttersprachliches Publikum bringt aber andere sprachliche Fallen mit sich als Zuhörer, für die Englisch ebenfalls eine Fremdsprache ist.

Englisch als Lingua franca, als Sprache der Verständigung mit anderen Nicht-Muttersprachlern, muss einfach gehalten werden. Zwar nicht auf dem Niveau eines „BWE – Bad Wrong English", das durch manche Unternehmensflure geistert. Dennoch sollte man einige Dinge, die sonst ein lebendiges Englisch und eine gute Sprachbeherrschung ausmachen, anders formulieren. Dazu gehören zum Beispiel *phrasal verbs,* also Verben, bei denen sich zu einfachen Verben wie „come, go, get, put, take, let, see" ein Partikel wie „in, out, up, down, round" gesellt und die dann eine völlig andere Bedeutung haben. Viele sind alltäglicher Sprachgebrauch. Ob wiederum jeder „see to" als „erledigen" versteht, bleibt dahingestellt. Der Nachholbedarf beim Thema Englisch in deutschen Unternehmen auf allen Etagen ist reell. Man darf jedoch nicht vergessen, dass er in anderen Ländern noch größer ist. Beim Gradmesser „English Proficiency Index" des

Bildungsunternehmens EF Education First schneiden acht Länder besser ab als Deutschland und 71 schlechter. (EF Education 2017) Bei der Vorbereitung einer Präsentation muss also stets auch berücksichtigt werden, dass Kommunikation immer nur das ist, was auf der anderen Seite ankommt.

Bei Auftritten vor Geschäftspartnern aus England, Irland oder den USA ist die Situation etwas anders. Zwar wird auch hier kein perfektes Englisch erwartet. Im Gegenteil. Ausgefeilte Sätze sind keine amerikanische Erwartungshaltung. Paart sich sprachliche Überkorrektheit mit Detailverliebtheit, und das vielleicht auf Kosten einer mitreißenden Ansprache, ist nichts gekonnt. Es ist ein Klischee und es ist wahr: In amerikanischen Führungsetagen wird mehr Elan erwartet, kommen Geschichten gut an und muss eine Präsentation begeistern (Slate und Schroll-Machl 2013). Wohl aber beklagt hinter geschlossenen Türen schon mancher Muttersprachler mit einem Augenrollen, was da seiner Sprache angetan wird und sehnt sich danach, die eigene Sprache in ihrer ganzen Vielfalt verwenden zu können. Wortspiele sind im Englischen viel häufiger. Wer mitmachen kann, gehört dazu. Das aber ist ein hohes Ziel.

Zunächst einmal gilt es, grobe Fehler zu vermeiden. Dass „eventuell, adäquat, personal" nicht als „eventually, adequate, personal" zu übersetzen sind, hat sich herumgesprochen. Auch, dass „fusion" bestenfalls neue Trends in der Gastronomie oder eine Kernschmelze bezeichnet. Ein typisch deutscher Fehler, den man wiederum immer wieder hört, tritt dort auf, wo etwas „bis" erledigt werden soll. Denn „until" meint eine Handlung, die bis zu dem genannten Termin andauert. Setzt man eine Frist,

ist meistens „by" gemeint. Es ist ein himmelweiter Unterschied, um das Beispiel eines Trainerkollegen zu zitieren, ob man „sex until Christmas" oder „sex by Christmas" haben möchte.

Kultur und Sprache

Vorträge und Präsentationen in einer Fremdsprache müssen nicht nur in der anderen Sprache gehalten, sondern auch dem kulturellen Kontext angepasst werden. Es reicht also nicht aus, dass Vortragstext und Visualisierung übersetzt werden, was leider aber vielmals der Fall ist. Vielmehr muss das gesamte Produkt „Sprache" für die Zielkultur neu konzipiert werden.

Bei Kulturen, die der deutschen besonders fern sind, werden Führungskräfte meist auf den anderen Umgang im ausländischen Markt vorbereitet. Anders sieht es bei europäischen Ländern und Nordamerika aus. Hier werden die kulturellen Unterschiede oftmals erheblich unterschätzt. Während asiatische Kulturen so fremd anmuten, dass man überrascht ist, auch Gemeinsamkeiten zu erkennen, ist dies bei Ländern wie Großbritannien, Frankreich oder den USA eher umgekehrt. Weil auf den ersten Blick die Gepflogenheiten und Umgangsformen sich zu ähneln scheinen, wird schnell übersehen, wie viele Unterschiede es doch zwischen den Arbeits- und Verständigungsweisen dieser Länder gibt.

Manche Präsentationen deutscher Unternehmen sind selbst für ein deutsches Publikum nicht optimal aufbereitet und sprechen die Sprache der Adressaten nicht.

Wird die gleiche Präsentation nun noch übersetzt und im anglophonen Sprachraum eingesetzt, kann das grotesk wirken. Damit wird einmal mehr das Klischee des übergenauen Deutschen bedient.

Kulturelle Unterschiede finden sich in vielen Dimensionen, wie der Wertschätzung von Individualismus oder Gruppenzugehörigkeit, der Toleranz oder Vermeidung von Unsicherheit oder der Fokussierung auf eher kurz- oder langfristige Ziele. (Trompenaars und Woolliams 2003) Schon das Thema Pünktlichkeit wird sehr unterschiedlich betrachtet: Während in Deutschland schon eine Verspätung von fünf Minuten problematisch sein kann, können Sie in anderen Kulturen eine halbe Stunde später erscheinen und gelten noch immer als pünktlich.

Das Wissen um die kulturellen Unterschiede allein reicht dabei noch nicht aus: Auch wenn in romanischen Ländern wenige Minuten Verspätung durchaus als pünktlich gelten können, wird der Franzose von seinem deutschen Geschäftspartner sehr wohl erwarten, dass dieser pünktlich ist, und zwar nicht nach französischem Verständnis. Genauso ist es in verschiedenen asiatischen Kulturen üblich, sich als Zeichen der Höflichkeit bei Vorträgen und Präsentationen als dem Anlass unwürdig und beschämt zu bezeichnen. Von einem deutschen Manager oder Vorstand wird dies jedoch nicht erwartet und würde eher für Verwunderung sorgen. Der goldene Weg im Umgang mit einer Kultur lautet oftmals partielle Konvergenz: Man passt seine Gedanken, Sprache und Sprechweise zwar der anderen Kultur an, aber nur auf halbem Weg.

Kulturelle Unterschiede sind immer auch sprachliche Unterschiede. Existiert ein Konzept in einer Sprache nicht, so gibt es auch kein Wort dafür. So gibt es im Chinesischen faktisch kein Wort, das unserem deutschen „nein" entspricht. Einfach „nein" sagt man in China nicht und will es auch nicht hören. So ist auch bei einem englischen Vortrag vor chinesischen Geschäftspartnern zu überlegen, wie man ein kategorisches „no" indirekter und geschickter verpacken kann.

Komplizierte Wortzusammensetzungen sind in der deutschen Sprache fest verankert, lassen sich ins Englische aber selten übersetzen. Was sich im Sprachlichen ausdrückt, hat die Wurzeln in der Kultur. Ein Brite braucht das Maß an Präzision, das einem Deutschen am Herzen liegt, schlichtweg nicht. Überpräzise Formulierungen, die in Deutschland als Zeichen für einen formellen und gebildeten Stil gelten, wirken im anglofonen Raum deplatziert und gestelzt. Präsentationen müssen daher zumindest sprachlich im Englischen anders aufgebaut sein, in einem gewissen Maß sogar andere Inhalte liefern.

Was man in welcher Situation wie ausdrückt, gehört zur erfolgreichen und wirkungsvollen Kommunikation in einer anderen Sprache. Unterschiede zwischen vermeintlich vertrauten Kulturen zur eigenen werden hier häufig unterschätzt. Amerikaner werden aus deutscher Sicht oftmals als extrovertiert und direkt wahrgenommen. Amerikaner gelten als „straightforward". Das ist sicherlich auch dem Stereotyp geschuldet, dass sie tatsächlich lieber probieren als studieren. Wer jedoch glaubt, Amerikaner seien sprachlich ähnlich direkt wie Deutsche, der irrt gewaltig. Im Vergleich drücken Amerikaner vieles wesentlich indirekter aus. Bestimmte Dinge tut oder sagt man nicht. Wenn deutsche Manager mit solchen Tabus brechen, wird dies bestenfalls toleriert, wertgeschätzt jedoch bestimmt nicht. Die Direktheit der Deutschen ist in Amerika ein negatives Stereotyp (Thomas 2011).

Kulturelle Unterschiede zeigen sich auch in der Sprechweise. Amerikaner werden oft als laut wahrgenommen und lautes Sprechen ist in den USA auch nicht verpönt, zeigt es doch, dass man nichts zu verbergen hat. In Großbritannien wiederum wäre eine übermäßig laute Sprechweise unangebracht. Zurückhaltung und Selbstdisziplin werden hier hoch geschätzt, was sich auch in einer zurückgenommenen Sprechweise widerspiegeln sollte (Schmid und Thomas 2016).

Andere Fremdsprachen

Englisch ist mit rund 1,5 Mio. Sprechern die meistgesprochene Sprache der Welt. Rein statistisch gesehen müssen wir uns demnach nur selten in einer anderen Fremdsprache als Englisch verständigen. Selbst wenn von einem Spitzenmanager erwartet wird, in einer anderen Fremdsprache als Englisch zu kommunizieren, sind die Ansprüche deutlich niedriger als beim Auftritt in Englisch. Oft sind wenige Sätze in der Fremdsprache ausreichend, bevor man auf die gemeinsame Sprache Englisch übergeht. Auch ist die Toleranz für Fehler recht hoch und die Sprache muss nicht perfekt gesprochen werden.

Umsicht ist nur dann geboten, wenn die Erwartungen des Publikums oder der Geschäftspartner deutlich höher sind. Das ist beispielsweise dann der Fall, wenn der Hauptsitz eines Unternehmens sich in dem Land befindet, dessen Sprache gesprochen werden soll, oder wenn Politiker mehrsprachiger Länder in einer offiziellen Landessprache sprechen sollen, die für sie selbst eine Fremdsprache darstellt.

Ist also der inhaltliche Beitrag in der Fremdsprache klein, so ist die rhetorische Wirkung, die mit einer bewusst eingesetzten Fremdsprache erzielt werden kann, signifikant. Der Einsatz einer Fremdsprache, die für den Geschäftspartner oder das Publikum Muttersprache ist und damit eigene Werte reflektiert, kann ein exzellentes Mittel zur Vertrauensbildung sein. Beispiele reichen von Klassikern wie Kennedys berühmtem „Ish bin ein Bearleener", bis zu neueren Anlässen, wie der Ansprache von Angela Merkel vor der Knesset in Israel.

Vorbereitung mit einem Coach

Executive Coachings zur rhetorischen Auftrittsvorbereitung sind ein Balance-Akt. Nachdem Unwägbarkeiten wie die schlechte Sprechbarkeit zugelieferter Texte beseitigt sind, gilt es ein Optimum zwischen Rolle und Person zu finden: Sie als souverän und authentisch wirkende Person auf der einen Seite, das Rollenverständnis und die Anforderungen des Auftritts als Teil der Unternehmenskommunikation auf der anderen. Coachings in einer Fremdsprache haben einen zusätzlichen Faktor, der den Schwierigkeitsgrad dieses Balance-Akts auf eine andere Ebene hebt.

Um das Arbeitsfeld abzustecken, ist es sinnvoll, die Fähigkeiten in der Fremdsprache zu überprüfen:

* Inwieweit kann nach Stichworten frei formuliert werden?
* Klingt die Sprechweise natürlich gesprochen oder vorgelesen?
* Werden Körpersprache und Mimik durch die Konzentration auf die Fremdsprache beeinträchtigt?
* Wie gut kann spontan auf Fragen reagiert werden?
* Sind Verhaltensregeln der Zielkultur bekannt?

Nach der Analyse des persönlichen Profils und der Identifizierung von Arbeitsschwerpunkten kann der geeignete Coach gefunden werden. Dabei sollte bewusst entschieden werden, wo Hauptschwerpunkte liegen und welche Abstriche im Coaching in Kauf genommen werden können.

Nur wenige Coaches bieten eine Kombination aus Fremdsprache und Rhetorik an. Darum muss genau geprüft werden, was der akademische Hintergrund ist und in welchem Arbeitsfeld der entsprechende Coach tätig ist. Längere Zeit im Ausland gelebt zu haben, ist ein großer Bonus, aber noch kein Garant für das wirkliche Verständnis einer Sprache. Ein sprachwissenschaftlicher Hintergrund in der entsprechenden Fremdsprache wäre eine ideale Voraussetzung. Gleiches gilt für das Feld der Rhetorik, wo eine entsprechend fundierte Ausbildung und Arbeit im Gebiet der Sprechwissenschaft vorliegen sollte.

Coaches aus dem englischsprachigen Ausland können die kulturelle Angemessenheit am sichersten beurteilen. (Auch hier ist die fachliche Eignung auf dem Gebiet der Rhetorik zu prüfen.) Jedoch ist die Wahl eines Muttersprachlers nicht zwangsläufig eine optimale Lösung. Auch die Didaktik ist essenziell: Wer instinktiv richtig spricht, aber die Regeln nicht kennt oder nicht erklären kann, vermittelt Sprache nicht gut. Ein Muttersprachler kann beispielsweise nicht immer beurteilen, was bei Englisch als Fremdsprache als leicht empfunden wird und wo Schwierigkeiten liegen. Die Unterstützung eines Vorstands bei der Vorbereitung einer englischen Präsentation kann deshalb sehr unterschiedlich ausfallen.

	Vorteil	Prüfen
Deutsche Coaches mit Sprachenhintergrund	sicher in der Fremdsprache	Kenntnisse rhetorischer Prinzipien
Deutsche Coaches mit Rhetorikhintergrund	sicher in Präsentationen und Gesprächen	Kenntnisse in der Fremdsprache
Britische oder amerikanische Coaches	sicher in Fremdsprache und Kultur	Kenntnisse rhetorischer Prinzipien, Verständnis für Fremdsprache

Jede Sprache wirkt aus sich heraus – nicht in der Übersetzung

Zusammenfassend ist zu sagen, dass die Vorbereitung von Präsentationen und Vorträgen auf Englisch nie eine reine Sprachübung ist und auch ein Coaching, das einfach nur in einer anderen Sprache stattfindet, nicht zielführend ist.

Vielmehr sollte es eine integrierende und ganzheitliche Vorbereitung auf die jeweilige Kommunikationssituation sein. Die individuellen Voraussetzungen sollten dabei genauso im Mittelpunkt stehen wie die andere Kultur.

1. Wenn es darauf ankommt, ist Google Translate kein guter Ratgeber. Holen Sie sich professionelle Unterstützung.
2. Sprechen Sie auf Verhandlungslevel nur die Sprache, in der Sie sich sicher fühlen – sonst ist ein Dolmetscher die bessere Wahl.
3. Befassen Sie sich immer auch mit den kulturellen Gesichtspunkten. Die Sprache mag ein Türöffner sein, fast noch wichtiger jedoch ist es, die jeweiligen Gepflogenheiten zu kennen.
4. KISS – Keep it short and simple. Details in mündlichen Formaten wie Präsentationen sind schwierig. Das gilt fürs Deutsche und für eine Fremdsprache umso mehr. Haben Sie Mut zur Lücke und lösen Sie sich besonders bei Wortzusammensetzungen vom Wunsch zur deutschen Korrektheit.
5. Verlieren Sie im Bemühen, sich so gut wie möglich auszudrücken, niemals Ihr Wirkungsziel aus dem Blick!

Literatur

EF Education (2017) EF English Proficiency Index. EF Education GmbH, Düsseldorf

Hommelhoff S et al (2016) Die Wahrnehmung von deutschem und englischem Geschäftsjargon bei Führungskräften. Poster auf dem 50. Kongress der Deutschen Gesellschaft für Psychologie, Leipzig

Obmann C (2017) Lost without Translation. In: Handelsblatt 227. Verlagsgruppe Handelsblatt, Düsseldorf

Schmid S, Thomas A (2016) Beruflich in Großbritannien: Trainingsprogramm für Manager, Fach- und Führungskräfte. Vandenhoeck & Ruprecht, Göttingen

Slate E, Schroll-Machl S (2013) Beruflich in den USA: Trainingsprogramm für Manager, Fach- und Führungskräfte. Vandenhoeck & Ruprecht, Göttingen

Sprenger R (2015) Englisch als Unternehmenssprache. In: Das anständige Unternehmen. Deutsche Verlags-Anstalt, München

Thomas A (2011) Interkulturelle Handlungskompetenz. Springer Gabler, Wiesbaden

Trompenaars F, Woolliams P (2003) Business Across Cultures. Capstone Publishing, Chichester

Wer sollte mit wem sprechen – und worüber? Auftritte platzieren in TV, Multimedia und Events

Petra Irrle

Inhaltsverzeichnis

P. Irrle (✉)
Frankfurt, Deutschland
E-Mail: petra.irrle@expertexecutive.de

© Springer Fachmedien Wiesbaden GmbH, ein Teil von
Springer Nature 2019
S. Wachtel und S. Etzel (Hrsg.), *Jeder kann wirken*,
https://doi.org/10.1007/978-3-658-20123-4_16

261

Zusammenfassung Da fällt einer mit der Tür ins Haus, benimmt sich wie der Elefant im Porzelanladen und stößt alle vor den Kopf. Wenn es um unpassendes Auftreten geht, ist die Sprache voller trefflicher Redewendungen und Bilder. Wer etwas zu sagen hat, der wähle den richtigen Zeitpunkt, den richtigen Ort und den richtigen Adressaten. Sonst ist die Botschaft in den Wind geschrieben, um bei den Phrasen zu bleiben. Für exponierte Personen aus Wirtschaft, Politik und Gesellschaft ist das der speech slot: die Voraussetzung des Auftritts überhaupt. Die entsprechenden Möglichkeiten (speech opportunities) zu schaffen, ist Teil der PR- und Marketingkonzepte. Den richtigen Ort zu finden, den richtigen Zeitpunkt zu wählen um die eigene Botschaft zu platzieren, kann aber auch ihre Wirkung stärken.

> In the future, everybody will be famous for 15 minutes (Andy Warhol).

Wo es um Prestige, Image und Reputation geht, greift das öffentliche Wort nur dann als Maßnahme, wenn es wirkt. Deshalb sagt nicht jeder alles, nicht überall und nicht jedem: In der Auftrittsplatzierung geht darum, Unternehmensbotschaft, Person und Publikum zueinander zu bringen. Es wäre fahrlässig, jemanden ins Fernsehen zu schicken, der dem Format gar nicht gewachsen ist. Und es gilt: nicht um jeden Preis platzieren, denn nicht selten ist abzuraten! Aber auch, wenn es genügend Gründe für einen Auftritt gibt: Placements müssen maßvoll geschehen. Nicht jeder Kopf passt in jede Sendung oder Veranstaltung (Abb. 1).

In unserem Alltag der unterschiedlichsten „Rede- und Antwort-Auftritte" haben wir nicht immer die Wahl – so denken wir. Tatsache aber ist: Es muss längst nicht immer alles gesagt werden, es muss vor allem auch längst nicht alles

Abb. 1   Nichts wirkt überall passend.

sofort gesagt werden. Vom Placement der Profis können wir uns abschauen, wie wir unsere Botschaften erfolgreich platzieren. Zu ambitioniert für den alltäglichen Gebrauch? Vergegenwärtigen Sie sich einfach, dass jede Aussage in ihrem Kern eine Wirkabsicht hat. So gesehen ist alles Gesagte überflüssig, wenn es die beabsichtigte Wirkung nicht erzielt.

Platzierung stützt Image

Köpfe machen Kurse, heißt es über börsennotierte Konzerne. In der Politik gewinnen Gesichter Wahlen und in der Wirtschaft verkaufen sie Produkte. Der öffentliche Auftritt generiert also vielenorts Wert. Die öffentliche Präsenz bestimmt in großem Maße Image und Erfolg. Es ist unumstritten, dass die Entscheider den Unternehmenswert durch ihre Persönlichkeit und ihre Auftritte treiben. Überzeugende Führung der Unternehmensmarke verlangt die Präsenz gegenüber allen, die Reputation und Marke beeinflussen.

Stellen Sie sich Ihr Gegenüber einmal als ebensolches „Massenpublikum" vor; Sie werden vielleicht nicht landesweit das Fernsehpublikum für sich gewinnen oder in einer Videobotschaft die gesamte Belegschaft von den positiven Aspekten der Restrukturierung überzeugen müssen. Gehen Sie dennoch einmal eine ganz normale Kommunikationssituation so an, als müssten Sie gewinnen. Gleichen Sie Ihre Intention mit dem Erreichten ab; hinterfragen Sie Selbstbild und die Wahrnehmung durch andere.

Erfolgreiche Kommunikation ist ein entscheidender Zufriedenheitsfaktor. Mitentscheidend für den Erfolg ist die eigene Haltung ebenso wie die Angemessenheit der Situation, in der die Kommunikation stattfindet. Wer beides aktiv mitgestaltet, ist im Vorteil. Nur: Was im Falle des Spitzenmanagements durch professionelle Platzierung geschieht, folgt für Sie keinen definierten Prozessen. Ihre Flexibilität ist gefragt, damit Sie Rede und Antwort zu „Ihrem Auftritt" machen können.

Darüber, ob Ihre Botschaft ankommt, entscheidet maßgeblich, wie Sie sie präsentieren: Erreichen Sie „die andere Seite"? Haben Sie den richtigen Ton getroffen, konnten Sie sich Gehör verschaffen, haben Sie überzeugt? Die Redesituationen des Spitzenmanagements ordnen sich ein in ein Ensemble möglicher Stimmen, die Botschaften über das Unternehmen nach außen tragen: *One voice and many tunes* (Galli Zugaro 2001). Wollen Sie glaubwürdig erscheinen, so unterstützen auch Sie dies durch die Einheit Ihrer Erscheinung in verschiedenen Situationen.

Gesendet ist noch nicht geglaubt! Die Glaubwürdigkeit verschiedener Rollen ist auch verschieden groß. Betrachtet man die verschiedenen Stimmen, dann fallen

Wertigkeiten auf, die zeigen, dass manche Stimmen größere Glaubwürdigkeit haben. Es werden Informationen aus neutraler Quelle bevorzugt. Das ist eine alte und immer wieder bestätigte Einsicht. Dabei hat sich das Stimmungsbild gewandelt: Wurde vor zehn Jahren noch dem Management ein Vertrauensvorschuss eingeräumt, herrscht heute eine grundsätzliche Skepsis gegenüber allen offiziellen Informationskanälen. FleishmanHillard (2017) hat in der „Authenticity-Gap-Studie" gezeigt, dass die Verlautbarungen aus der Unternehmenskommunikation kaum noch helfen, Fakten von Fiktion zu unterscheiden Abb. 2.

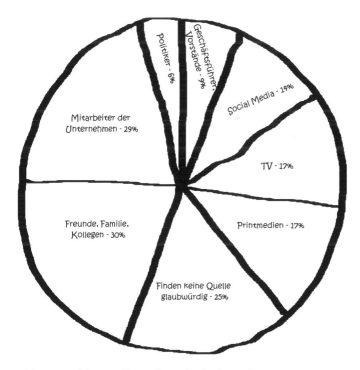

Abb. 2   Welche Quellen gelten als glaubwürdig?

Situationen

Broadcast & Audio – Sie werden nur gehört, aber nicht gesehen; Sie haben keinen Kontakt zur „anderen Seite"
Bspw. Telefonate/Telefonkonferenzen, aber auch aufgenommene oder Live (bzw. „pseudolive") gesendete Audio-Beiträge (Radio, Podcast)

TV & Video – Sie werden gesehen und gehört, Sie haben keinen Kontakt zur „anderen Seite"
Statements (O-Töne) für Beiträge, vorproduzierte Interviews, Talkshows, aufgezeichnet, live oder pseudolive; während Personen, die im Fernsehen auftreten, meist wissen, welche Zielgruppe sie adressieren, sind Video-Botschaften im Internet potenziell unendlich gestreut. Es gibt zahllose Beispiele von harmlosen persönlichen Botschaften, die „viral" werden.

Veranstaltungen – Rede/Präsentation, Podiumsdiskussion/ Streitgespräch, evtl. Moderationen
Live-Kommunikation vor großen Gruppen ist oft eindirektional; d.h. einer spricht, alle anderen hören zu. Die Wirkung des Redners wird dabei stark von der Gruppendynamik beeinflusst (Spezielles Format: Video-Konferenz)

Face-to-Face-Kommunikation
Ein Gespräch „unter vier Augen" oder in einer kleinen Gruppe; unmittelbares Feedback; bi- oder multidirektionale Kommunikationssituation.

Wo und mit welchen Prinzipien platzieren?

Wer eine Botschaft hat, braucht ein Publikum, um diese wirkungsvoll zu platzieren. Jeder kennt das Gefühl: Da redet sich einer regelrecht in Rage, und eigentlich interessiert es keinen. Sie überzeugen nur, wenn Ihre Meinung auch gefragt ist. In der professionellen Auftrittsplatzierung ist die Sache klar: Die Wünsche der Sender und Veranstalter sind entscheidend. Als Gäste sind möglichst hochrangige Entscheider gewünscht. Es genügt selten ein Fachexperte, noch seltener der Pressesprecher. Gefragt sind Spitzenmanager, die vorbereitet sind.

Ob Sie hingegen „gefragt" sind, ob Ihre Meinung in der gegebenen Situation als relevant bewertet wird, bemisst sich an ganz unterschiedlichen Kriterien:

* Ist Ihr Thema von aktueller Bedeutung?
* Können Sie Interessen Ihrer Zuhörer aufnehmen, an diese anknüpfen?
* Haben Sie eine klare Position?
* Können Sie Ihre Haltung auch emotional glaubwürdig vermitteln?
* Sprechen Sie verständlich, originell und auf den Punkt?

Gerade durch die allzeit verfügbaren digitalen Kommunikationskanäle ist der öffentliche und halböffentliche Auftritt quasi zur Massenware geworden. Die geradezu inflationäre Verbreitung von Meinung und Information wird aber oftmals der Sache nicht gerecht:

* Die „gesuchte" Information ist für den Empfänger meist wertvoller als die zufällig vorgefundene. Werde ich gefragt, kann ich mir relativ sicher sein, dass meine Meinung auch berücksichtigt wird; ungefragt Verbreitetes geht hingegen oft im Grundrauschen unter.

* Im Internet gepostete und platzierte Botschaften werden in einen Kontext gestellt, den der Sender der Botschaft nicht unbedingt unter Kontrolle hat: Unter welchen Stichworten ein Beitrag gefunden wird, welche Werbung im Umfeld gezeigt wird, welche anderen Beiträge dem User vorgeschlagen werden – wer wie kommentiert – all dies können wir nur sehr begrenzt beeinflussen.
* Das Zielpublikum ist entscheidend – regional, national, international. Vor wenig interessantem Publikum will niemand reden.

> Das Platzieren einer vorbereiteten Botschaft erfordert eine hohe Sensibilität. Kommunikationssituationen lassen sich nicht immer vorhersehen und vorab planen. Das Publikum lässt sich nicht nötigen; es gibt keine garantierten Reaktionen.

Prozedur

Wer Auftritte professionell platziert, schaut in beide Richtungen: Wer hat etwas zu sagen, wer passt ins Format, wer kommt gut an; und umgekehrt: Welches Format entspricht der Person ebenso wie der Marke, wo werden welche Themen besprochen, welche Zielgruppen werden in den jeweiligen Medien angesprochen?

Dementsprechend wird das Placement ausgerichtet:

* Das Material medien- und zielgruppengerecht aufbereiten, um Interesse zu wecken.
* Im Falle einer breiteren Kampagne die Auftritte einbinden und begleiten.

* Kontakte aufbauen und halten.
* Zeitlich und thematisch „dosieren".

Wenn Sie über Gelegenheiten nachdenken, um Ihre Botschaften „durchzukriegen", unterscheidet sich Ihre Vorbereitung im besten Fall gar nicht so sehr von der Vorbereitung im professionellen Placement:

* Sie definieren, worüber Sie sprechen möchten und was ihr Wirkungsziel ist.
* Welche persönlichen Stärken können Sie gewinnbringend einsetzen?
* Bringen Sie Ihre Botschaft probeweise in 30 Sekunden auf den Punkt!
* Brauchen Sie (Hintergrund-)Material, um alle Informationen zu übermitteln (ohne dabei die Redesituation überzustrapazieren)?

Interview Placement muss daran anschließend ein Persönlichkeitsbild ermöglichen, um den Menschen hinter der Funktion erkennen zu können. Das sollte aber nicht zu weit gehen – so raten wir etwa vom Thema „Hobbies" ab, denn das wird meistens albern, zumal niemand glaubt, dass ein Vorstandsvorsitzender unentwegt in die Oper geht. Neben der Nachricht oder Botschaft sind auch individuelle Wünsche zu berücksichtigen, wodurch sich die Person gut aufgehoben fühlt.

Nachrichten und Botschaften – Soundbites und Bilder

Erst Auftritte mit Nachrichtenwert überzeugen Sender und Publikum. Vor allem Medien-Redaktionen beklagen, dass die eingeladenen Personen nicht immer über Botschaften mit aktuellem Nachrichtenwert verfügen. Zudem muss der Kopf zur Nachricht passen. Immer dann, wenn das Unternehmen Nachrichten produziert, verstärkt ein Kopf die Wirkung. Allerdings wollen sich Klienten eher zu den strittigen Issues als explizit zu der Nachricht selbst zu Wort melden. Und die wiederum brauchen nicht eigentlich Nachrichten, sondern Botschaften, die auch so aufgebaut sind, dass sie anschließen und auf einen Zielsatz hin gebaut sind (Wachtel 2003).

Eines der Ziele von Placements ist der Widerhall in anderen Kontexten. In Statements sollten deshalb die besten Argumente und originellsten Formulierungen immer wieder auftauchen. Sie sollten als Soundbites (Wachtel 2017) immer wieder vorkommen und immer wieder neu gesprochen werden. Oft sind es solche Soundbites, die überhaupt erst Interesse wecken und das Publikum (respektive das Gegenüber) zum Zuhören bewegen.

Soundbites, die Geschichte schrieben

„Ich bin ein Berliner", John F. Kennedy 1963
„I have a dream" Martin Luther King 1963
„Yes We Can", Barack Obama 2008
„Wir schaffen das", Angela Merkel 2015

Diesen Weg gehen professionell auftretende Personen, wenn sie ihre Botschaft in medienwirksamen, bildhaften Formulierungen gleichsam als Teaser in die Öffentlichkeit bringen. Was auf den ersten Blick eitel wirken mag, hat gerade für Menschen, die öffentlich auftreten, aber auch im Business ganz allgemein durchaus seine Berechtigung: Sich selbst zur Marke machen – d. h., eine markante, wiedererkennbare Persönlichkeit in der Gesamterscheinung darbieten. In unserer von Datenflut und schnellen Eindrücken geprägten Medienwelt ist es zudem wichtig, die Botschaften in Bildern greifbar zu machen.

Strategischer Rahmen

Zum Placement gehören auch Themenvorschläge, mit denen sich Trends aufnehmen, verstärken und im Einzelfall auch setzen lassen. Placements, das wird gern vergessen, sind immer mit der Person selbst abzustimmen. Nicht selten werden Bemühungen zunichte gemacht, weil die Person gar nicht selbst motiviert ist oder weil der Vorstand Informationen hat, die die Platzierung eher nicht nahe legen – Informationen, die viele Berater außerhalb der Auftrittsberatung nicht haben. Letzteres darf schlicht nicht vorkommen, Ersteres gilt es, vorab zu besprechen.

> Erst der Auftritt ist die Nagelprobe für eine gelungene integrierte Vorbereitung. Erst die Platzierung verschafft der Botschaft Gehör.

Zur richtigen Zeit, am richtigen Ort

Wirkung entfalten kann nur, wer sichtbar ist. Wenngleich daran kein Zweifel besteht, so ist doch die Einschränkung angebracht: nicht um jeden Preis. Es ist eine Binsenweisheit, die zu beherzigen sich lohnt: Wer am lautesten schreit, wird vielleicht von allen gehört – noch lange aber nicht auch von allen verstanden. Was für die Platzierung der Auftritte exponierter Personen aus Wirtschaft und Gesellschaft gilt, gilt nicht weniger für Ihre Rede- und Antwortsituationen: zur richtigen Zeit, am richtigen Ort, vor dem richtigen Publikum, im richtigen Setting.

1. Kreieren Sie Ihren ganz persönlichen USP: Ihr Alleinstellungsmerkmal; was macht Sie und Ihren Auftritt, Ihr Auftreten unverwechselbar?
2. Suchen Sie relevante Anknüpfungspunkte für Ihre Themen und Argumente. Ein noch so wahres Statement geht im Grundrauschen unter, wenn der Anschluss an die gegebene Situation fehlt.
3. Suchen Sie stets nach Mitteln, um die Botschaft und ihre Vermittlung für „Ihr Publikum" überein zu bringen; dafür passt nicht jeder Rahmen – das gilt es zu berücksichtigen bei der Wahl der richtigen „Bühne".
4. Ein Rollenspiel kann helfen: Versetzen Sie sich in eine andere Welt – einen anderen Planeten, einen anderen Kontinent oder vielleicht auch nur eine andere Stadt. Könnten Sie jemandem, der etwas ganz anderes erlebt hat als Sie, Ihre Botschaft vermitteln?

Literatur

FleishmanHillard Company. Authenticity Gap-Studie Deutschland 2017/2018. http://www.authenticity-gap.de/. Zugegriffen: 11. Febr. 2018

Galli Zugaro E (2001) Erfahrungsbericht. In: Henckel von Donnersmarck M, Schatz R (Hrsg) Fusionen: Gestalten und Kommunizieren. Innovatio, Bonn

Wachtel S (2003) Rhetorik und Public Relations. Gerling, München

Wachtel S (2017) Executive Modus. 12 Taktiken für mehr Führungswirkung. Hanser, München

Speakers' Corner.
Reden schafft Mehrwert

Nina Purtscher

Inhaltsverzeichnis

Zusammenfassung Im letzten Abschnitt dieses Buches wollen wir noch ein ganz und gar praktisches Beispiel für den professionellen Einsatz erprobter Wirkungsmittel zeigen. Nina Purtscher ist die Leiterin der Öffentlichkeitsarbeit des Bonusprogramms PAYBACK. Sie hat die Methoden der Auftrittswirkung so

---

N. Purtscher (✉)
München, Deutschland
E-Mail: nina.purtscher@payback.net

© Springer Fachmedien Wiesbaden GmbH, ein Teil von
Springer Nature 2019
S. Wachtel und S. Etzel (Hrsg.), *Jeder kann wirken,*
https://doi.org/10.1007/978-3-658-20123-4_17

konsequent in ihre Kommunikationsmaßnahmen und Prozesse verwoben wie wenige. Hier lässt sie uns an ihrem Erfolg teilhaben: Hochrangige Auftritte sind für Unternehmen oftmals mit exorbitanten Kosten verbunden. Wenn die Qualität der Auftritte systematisch verbessert wird, gewinnen die Events selbst durch die Redner an Wert. Die Folge sind Gelegenheiten zur wertschöpfenden Platzierung. Best Practice: Ein Beispiel.

Der Menge gefällt, was auf dem Marktplatz taugt (Hölderlin).

Köln, Digitalmesse „dmexco": Europas Leitmesse für digitales Marketing ist in vollem Gange. Aus dem Konferenzbereich strömen Fachbesucher. Gerade ist eine Keynote zu Ende gegangen. Der Geschäftsführer unseres Unternehmens hat die Branche durcheinander gewirbelt: Sein Satz, den er wiederholte „Den digitalen Kunden gibt es nicht." Ein Soundbite, ein Satz, der wirkt. Ein solcher Vortragstitel lässt auf der international größten Messe für digitales Marketing aufhorchen – genau wie der Stand unseres Unternehmens, der einem traditionellen Tante-Emma-Laden nachempfunden ist – im Gegensatz zum gemütlichen Laden gibt es hier allerdings riesige Screens, Info-Stelen und PAYBACK Mitarbeiter, die „Kunden" mit iPads „bedienen". Es geht eben um „Tante Emma 2.0". Unsere Kommunikation geht einen Weg vom Erzählen zur Aktion: PR ist nicht mehr Text, wie früher, sondern Auftritt (Abb. 1).

Über 30 Mio. Kunden sammeln in Deutschland Punkte beim Einkaufen. Wir sind zum „Big Data" Experten geworden, mit allen Herausforderungen der

Abb. 1   Das Image wirkungsvoll inszenieren

Neupositionierung: Von der Kundenkarte aus Plastik wurden wir zum digitalen Schwergewicht. Wie schafft man da Vertrauen und Umdenken? Durch Köpfe! Durch Reden und Antworten. In einer von Events und Vorträgen geprägten Branche werden wir als Sprecher oder Sponsor von Kongressen angefragt. Wir nutzen das und geben der Chance einigen Drive. Auftritte schaffen Mehrwert.

Wer Mündlichkeit nutzen will, stößt auf ein Problem: Hochrangige Auftritte sind oft auch mit hohen Kosten verbunden. Gerade größere Events mit hoher Reichweite lassen sich den Auftritt von Sprechern gerne fürstlich bezahlen. Aber auch sie sind an guten Inhalten interessiert. Wir lernten schnell dazu: Je origineller und professioneller die Auftritte, desto gewinnbringender sind sie auch für die Veranstalter – und desto günstiger für das Unternehmen. Mit rhetorischer Qualität steigt der Wert.

Das Pendant dazu: Der Finanzeinsatz sinkt. Weshalb bezahlen, wenn man per Vortrag die Attraktivität der Events erhöht? Wir investierten in die Qualität der Sprecher und Vorträge. Das Ergebnis folgte auf dem Fuße. Wir wurden immer öfter eingeladen, statt uns zu bewerben.

Die Unternehmenskommunikation näherte sich dem Auftritt mit System und suchte Möglichkeiten der Neupositionierung. Das begann beim Management und den Top-Sprechern des Unternehmens, kurze Zeit später rückten kaskadierend weitere Sprecher auf, bis schließlich auch die Ebene der internen Experten erreicht wurde. Die Aufgabe, das Unternehmen zu repräsentieren, wurde auf viele Schultern verteilt, zugleich aber zentral durch die Unternehmenskommunikation gesteuert. Nur sind nicht alle talentiert für die Rampe.

Wie kann jeder wirken?

Experten haben meist ein Problem: Sie reden wie Experten. Wir bereiteten Sprecher darauf vor, bei Bedarf den Experten-Modus zu verlassen und sich wie ein Executive zu verhalten: Mit mehr Weitblick, größeren Visionen und weniger Hang zum Detail. Wie es der Titel dieses Buchs ankündigt: Jeder kann wirken. Um diese Veränderung zu begleiten, setzten wir ein systematisches internes Trainingsprogramm auf: rund zehn Präsentationen zu verschiedenen Themen, kombinierbar zu gestalten. Ein Baukastensystem, in dem sich die „Flughöhe" der Executive-Präsentationen mit den Detail-Charts der Experten kombinieren lässt.

Die Konsequenz: Alle reden zur selben Positionierung, zu gleichen Themengebieten, aber auf unterschiedlichen Levels und mit unterschiedlichem Detailgrad. Dieses „One Voice"-Prinzip perfektionierten wir in den vergangenen Jahren durch stetige Diskussion, Wiederholung und Übung der Inhalte.

Daraus wurde eine Community: Die Sprecher werden nicht nur extern weitergebildet, sie tauschen sich auch intern aus und werden so selbst zu Trainern ihrer Kollegen. Wir etablierten ein internes Format: „Speakers' Corner", mit Tipps, Erfahrungen und Optimierungsvorschlägen. Das System optimiert sich teils von selbst. Damit hat unsere Unternehmenskommunikation ein Instrument geschaffen, das sowohl Inhalte als auch die Positionierung der Marke stärkt.

Nachhaltige rhetorische Qualität

Einmal trainiert ist nicht gleich langfristig umgesetzt. Deshalb rüsten wir unsere Sprecher mit einem How-to-Paket aus, das sie zusätzlich an die Hand bekommen: Eine Checkliste zur perfekten Vorbereitung einer Speaking Opportunity, die aktuellsten Unternehmenszahlen sowie FAQs für jeden Anlass. Hinzu kommen Trainings-Workshops in unregelmäßigen Abständen.

Durch dieses Maßnahmenpaket war es uns möglich, in 2017 wöchentlich auf bis zu zwei Veranstaltungen aktiv zu sein und die Marke zu positionieren. Über das Jahr hinweg bedeutet das über 100 Veranstaltungen. Über 100 Möglichkeiten der Repräsentation.

Rund um die Auftritte der Experten begleiten wir die externe Kommunikation mit Soundbites in Social Media Kanälen: Vor, während und nach den Veranstaltungen positioniert das Team die Sprecher mit Blogbeiträgen, Posts auf LinkedIn, Xing und Twitter und auch in der Mitarbeiter-App. Der Erfolg ließ nicht lange auf sich warten: Vorträge wurden stetig besser besucht, die Interaktionsrate auf den Kommunikationskanälen stieg an und nicht selten entstehen heute am Rande von Auftritten auch Interviews mit Medien und Bloggern, die auf unsere Experten und Themen aufmerksam geworden sind.

Heute können wir zu jedem Unternehmensbereich Sprecher entsenden und innerhalb kurzer Zeit auf Anfragen reagieren. Aus dem Baukasten bedienen sich die Experten selbstständig, der Aufwand für jede einzelne Veranstaltung wurde deutlich reduziert. Wir haben bewährte, skalierbare Inhalte und bereits trainierte Personen für fast jeden Anlass. Das macht Spaß und führt in eine Positivspirale: Die Einladungen werden häufiger. Die Nennungen steigen an. Die Bewertungen sind super. Die Kollegen liken und sharen Posts in den Social Media Kanälen. Und die Qualität der Redner steigt mit der Routine weiter an. Unser „Speakers' Bureau" wird damit immer wertvoller. Wert durch Mündlichkeit.

Trend zur „Mündlichkeit"

Ergebnis der Speakers'-Corner-Strategie: Die Experten der einzelnen Bereiche rangieren bei jedem Auftritt unter den besten drei Rednern, die Erwähnungen und

Interaktionsraten sind stets überdurchschnittlich. Renommierte Kongresse bitten uns immer öfter um Beteiligung, die Einladungen zu Panels und zu Juries haben stark zugelegt. Wir haben mehr Awareness erreicht – und das mit einer vermeintlich „alten" Methode: dem gesprochenen Wort.

Abschluss und Ausblick

Sabina Wachtel und Stefanie Etzel

Mitunter hat unser Alltag viel mit einer Bühne gemeinsam. Ganz wie im Theater, geht es in allen Situationen des Redens und des Antwortens doch letztlich darum, wie wir 'rüberkommen: *Wie wir wirken.* Wenn wir anderen Menschen begegnen, versuchen wir, diese zu beeinflussen – eine Interaktion mit dem Ziel, Haltungen, Meinungen, Überzeugungen zu fixieren oder zu ändern.

S. Wachtel (✉)
Frankfurt, Deutschland
E-Mail: sabina.wachtel@manageroutfit.de

S. Etzel
Frankfurt, Deutschland
E-Mail: stefanie.etzel@expertexecutive.de

© Springer Fachmedien Wiesbaden GmbH, ein Teil von Springer Nature 2019
S. Wachtel und S. Etzel (Hrsg.), *Jeder kann wirken,*
https://doi.org/10.1007/978-3-658-20123-4_18

Was oberflächlich dem Austausch von Informationen dient, ist eigentlich ein dramatisches Schauspiel.

Treffen wir mit unserem Anliegen auf andere, entsteht eine Kommunikationssituation. Diese ist abhängig von Zeit, Ort und dem jeweiligen Gegenüber – sei es eine einzelne Person oder eine ganze Gruppe an Zuhörern. Wir selbst sind in diesem Moment die Projektionsfläche eines ausgesprochen dramatischen Effekts. Das Gelingen der Kommunikationssituation im beabsichtigten Sinne hängt mithin ganz stark davon ab, ob wir uns gut präsentieren. Gut heißt hier: angemessen im Hinblick auf die Werte, kulturellen Normen und Vorannahmen unseres geneigten Publikums. Das Ziel der dramatischen Performance ist die Akzeptanz der dramatischen Figur durch den oder die anderen. Wenn wir (uns) erfolgreich präsentiert haben, sieht unser Publikum uns so, wie wir gesehen werden wollen.

Eine solche im übertragenen Sinne theatralische Leistung ist eine soziale Interaktion mit dem Ziel, unser Image zu verbessern. Und damit unterscheiden wir uns in keiner Weise von Personen des öffentlichen Lebens. Streben diese danach, ihre Reputation vor einer breiten Medienöffentlichkeit zu verbessern, so nutzen wir doch die Bühne unseres Alltags möglichst virtuos, um unsere gesamte Erscheinung dem Ideal unseres Selbstbilds anzugleichen.

Viele Interaktionen scheinen tatsächlich nach einem vorgefertigten Drehbuch abzulaufen. Denn als gesellschaftlich organisierte Menschen sind wir durchaus nicht frei in der Wahl unserer Kommunikationsmittel. Eine stille Übereinkunft sorgt dafür, dass wir uns gegenseitig nicht in Verlegenheit bringen: In aller Regel respektieren wir das dargebotene Schauspiel; auch Widerspruch verhält sich normalerweise in Relation zu dem, was uns vorgespielt wird.

Wie im Theater gibt es nicht nur die Bühne unserer all-täglichen Auftritte, sondern auch einen Backstage-Bereich. Zu diesem haben nur ausgewählte Personen Zutritt: Wir können üben, was später ganz natürlich (authentisch) aus-sehen soll. Auf der Bühne zeigen wir möglichst nur die positiven Aspekte unserer Persönlichkeit. Wir setzen alles daran den erwünschten Eindruck zu hinterlassen. Die Bühnendarstellung umfasst gemeinhin alle Aspekte des Auftretens: Wie kommen wir auf die Bühne, wo stehen wir, wann setzen wir uns, was haben wir an – das gesamte Erscheinungsbild ist maßgebend für den Eindruck, den wir bei anderen hinterlassen. Gut beraten ist, wer in sei-nem persönlichen Backstage-Bereich ein breites Spektrum der Auftritte trainiert; dies geschieht idealerweise in realis-tischem Setting.

Wer auf ein funktionierendes Netzwerk zählen kann, wird zudem seine Auftritte wechselseitig stützen und das gewünschte Bild somit stärken. Common Sense: Es ist wirkungsvoller, wenn alle Protagonisten das gleiche Stück spielen. Um sich die Virtuosität, mit der wir unser täg-liches Schauspiel bewältigen, vor Augen zu führen: In jeder bidirektionalen Kommunikationssituation besteht die Möglichkeit, dass zwei (oder mehrere) Stücke parallel gespielt werden: Wir zeigen uns auf der Bühne von der besten Seite; gleichzeitig sind wir Beobachter unseres Publikums – das vielleicht zur selben Zeit ein ganz anderes Stück darbietet.

In allzu vielen Lebensbereichen übernehmen wir doch einfach den für uns vorgesehenen Part; mit vorgefertigten

Textbausteinen, bewährten Abläufen und einheitlichen Dresscodes. Die Aufgabe besteht darin, ein schlüssiges Gesamtbild im Verhältnis zu den jeweiligen Gegebenheiten zu präsentieren. Authentizität ist ein Klischee, das in der Realität doch nie in der reinen Form vorkommt.

> Es ist die große Kunst Ihres ganz persönlichen Schauspiels, dass Sie an den entscheidenden Stellen selbst über die Rolle entscheiden, die Sie spielen. Nutzen Sie die Bühne der ganz alltäglichen Auftritte!

Sachverzeichnis

© Springer Fachmedien Wiesbaden GmbH, ein Teil von
Springer Nature 2019
S. Wachtel und S. Etzel (Hrsg.), *Jeder kann wirken*,
https://doi.org/10.1007/978-3-658-20123-4

Printed in the United States
By Bookmasters